Sur les routes
de la soie

REZA
OLIVIER WEBER

ICONOGRAPHIE ET LÉGENDES : RACHEL DEGHATI

Sur les routes de la soie

hoëbeke

Pages de garde

Carte géographique représentant la route de la Soie, réalisée au Japon en 1965. Tissage sur métier à mécanique Jacquard, d'après un document datant de la première moitié du XVIIe siècle. Les routes terrestre et maritime inscrites sur cette carte historique sont celles parcourues à l'époque.

© Musée des Tissus et des Arts décoratifs de Lyon, Pierre Verrier.

© 2007, Éditions Hoëbeke, Paris
ISBN : 9782-84230-300-6
Dépôt légal : octobre 2007

Mise en pages : Éric Blanchard
Photogravure : Color'Way

Imprimé et relié en Italie

PRÉLUDE 6

EMPIRE OTTOMAN
Istanbul, la porte de la Soie 14
Ville-empire 18
Des bouffées de vent tiède 20

ANATOLIE
Konya, le secret des derviches 27
La musique de Kudsi 31
Les nouveaux caravansérails 35

PERSE
Mythes sans frontières 43

CASPIENNE
Bakou, le naphte et le feu 52

ZOROASTRE
La rencontre des empires 62

ALAMUT
La citadelle des Assassins 68

KHORASSAN
La contrée des poètes 72

PORTES DE L'ASIE CENTRALE
Pour tout l'or de Samarcande 78
La Florence d'Orient 88
Escales de haute solitude 93
Mille et un contes 98
Le cercle béni 100
Le roi et le mendiant 106
Le fief des tribus 109

ASIE
La Grande Marche 121

PAMIR
Basmatchis 127

TURKESTAN ORIENTAL
Far West chinois 138
Les nouveaux marchands 148

PRÉLUDE

Où commence la route de la Soie ? Je me souviens de l'étonnement d'un ami afghan quand il apprit le sens de ce voyage. Il était plus que circonspect. Pour lui, la route de la Soie n'existait plus, perdue dans les sables, dans les guerres, étiolée par les frontières dont seuls les trafiquants se jouaient. Oui, où commence-t-elle, cette route de la Soie ? Et existe-t-elle encore, ailleurs que dans les esprits et les cimetières… ?

L'ami n'avait pas tort. Pourquoi chercher à tout prix les prémices et les caravansérails d'une voie improbable ? Pourquoi remuer l'Histoire quand l'événement contemporain se révèle si sanglant ? La route de la Soie pénétrait en Afghanistan, se ramifiait dans les oasis d'Asie centrale, courait comme un torrent vers les villes merveilleuses de Chine et de l'Asie extrême. Oui, qu'en reste-t-il aujourd'hui, hormis de la poussière, des ruines, des fortins inhabités ?

Un rêve me hantait : remonter la piste de Marco Polo. Voir à quoi ressemble encore ces chemins où pendant des siècles l'Orient et l'Occident ont échangé des biens mais aussi des idées, où pendant des lustres les caravaniers ont colporté les bonnes paroles de l'Autre. Un autre désir, tout aussi fort, me forçait à prendre la route : suivre les traces de Rûmî, le grand poète mystique du XIIIe siècle, qui a inspiré tant d'écrivains, et Goethe surtout lorsqu'il rédigea *Le Divan occidental-oriental* dans un état de fièvre profonde.

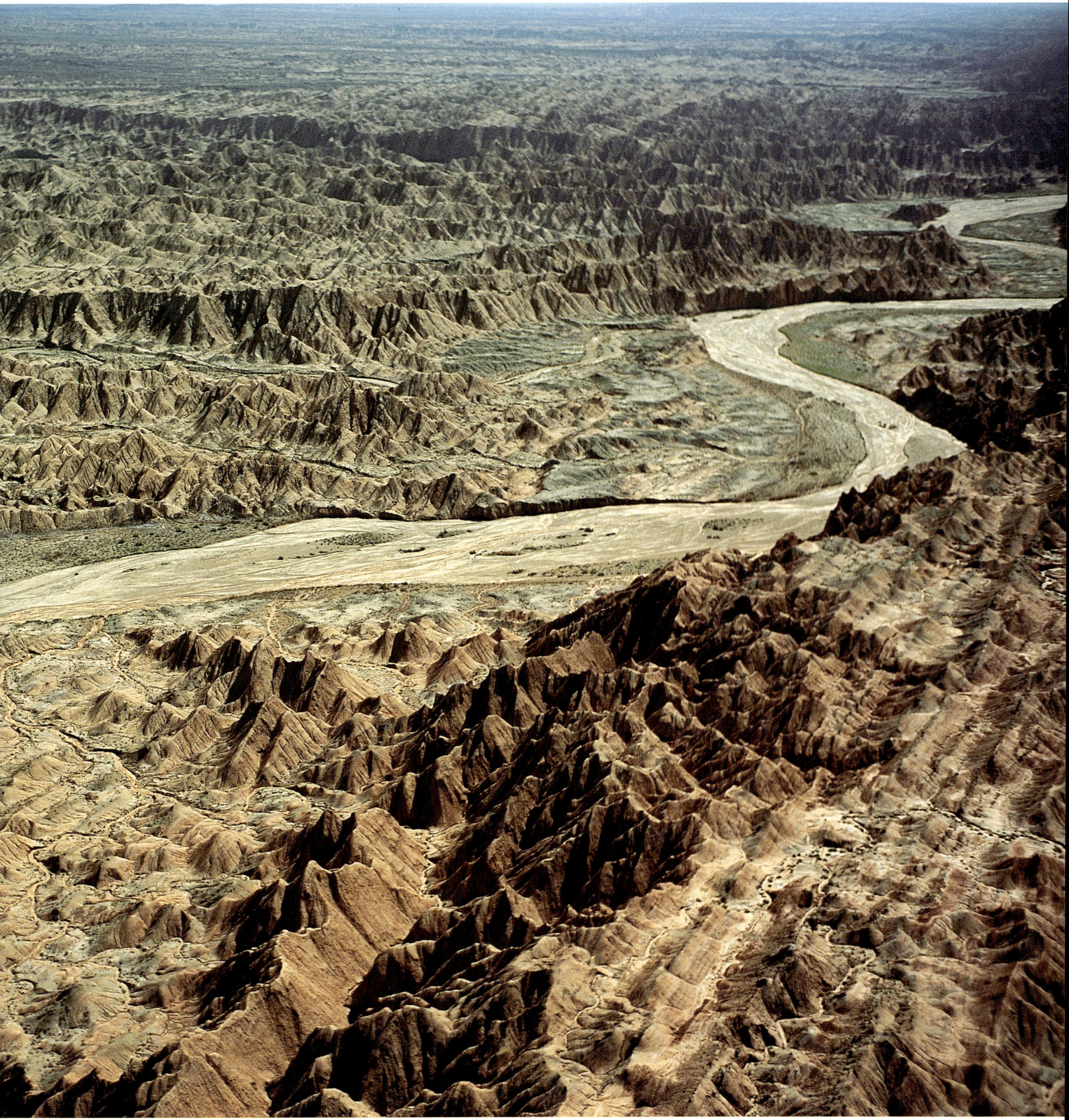

Marco Polo et Jalâl al-Dîn Rûmî auraient pu se rencontrer sur cette route de la Soie, au hasard de leurs pérégrinations, sur la côte d'Asie Mineure, en Anatolie ou au fin fond des déserts. Né à Balkh, ou Bactres, dans l'actuel Afghanistan, au sein d'une famille soufie, d'un père qui fut maître de cette confrérie de la tolérance, Jalâl al-Dîn Rûmî grandit en Bactriane, fit ses humanités en Perse et mourut en Turquie, à Konya, dans un couvent qui célèbre encore son nom chaque jour. Toute sa vie, il s'est approché du berceau de Marco Polo, de Venise, de la porte de l'Occident, au moins par la pensée. À la mort du poète, entourés d'une troupe de vingt chanteurs excellents, des rabbins et des prêtres chrétiens vinrent célébrer ce héraut de l'œcuménisme.

Marco Polo, lui, remonte sans le savoir la sente de l'esprit libre. Il croise les fidèles de Rûmî, dort dans des caravansérails pouilleux avec des sages qui colportent la verve de Jalâl al-Dîn l'enflammé. Dans les maisons fortifiées qui servent de refuge aux caravaniers, des fous dansent, une main vers les cieux et l'autre vers la terre des hommes. Ils ahanent des phrases comme des poètes agités. Marchand de sable des esprits aiguisés et des âmes écorchées, Rûmî leur a légué sa recette, son sens de l'Autre, qu'ils vont semer tels de bons djinns passionnés sur ces routes du négoce. « Si tu le veux, mène-moi à l'ivresse, si tu le veux, mène-moi à l'anéantissement. » Rûmî et Marco Polo auraient pu se parler, échanger non pas de la soie, de l'or et des babioles en verre mais leurs savoirs. Car la connaissance, l'écriture et l'aventure composent les secrets des œuvres des deux voyageurs, le *Livre des Merveilles* ou *Le Devisement du monde*, du Vénitien et le *Livre du dedans* de l'Oriental. L'un est marchand, l'autre est poète. L'un vend des tissus et étoffes, l'autre prêche la tolérance, l'amour de l'Autre par l'amour de soi. Ce double négoce, des biens et du savoir, illustre toute la richesse de la route de la Soie. Il symbolise la rencontre des peuples, représentés par des monuments plus ou moins en ruine, restaurés au fil des siècles ou détruits par l'iconoclasme le plus fou, de Sainte-Sophie d'Istanbul aux bouddhas de Bamyan.

PRÉLUDE

On cherche donc la source de cette route. Cela pourrait être la maison de Marco Polo, à Venise, la Ca' Polo que nombre de Vénitiens feignent d'ignorer, sans doute afin de mieux protéger les mystères de la Sérénissime. Pour la découvrir, il faut courber le dos dans un *sotoportego*, un passage quasiment souterrain, longer des murs de vieilles briques humides, éviter le rio droit devant, tourner à gauche et buter sur une façade blanche qui ouvre sur une place lilliputienne. La maison trône au bord d'un canal, au bout de la corte Seconda del Milion. Elle a été reconstruite en 1881 et s'orne d'un modeste écriteau, lavé par le temps : « Ici s'érigeait la maison de Marco Polo qui a visité les régions les plus lointaines de l'Asie et les a décrites. »

Apologie *a minima* pour le découvreur de l'Orient, l'explorateur des terres lointaines qui ramènera chez lui, vingt-six ans après son départ, des ors et de la gloire, avant de tâter de la geôle. Venise devient bien vite l'Illustrissime. Elle rivalise avec Constantinople la Chrétienne, la met à sac, lui dérobe ses chevaux dorés que l'on aperçoit dans la

Page précédente

Au nord du désert de Taklamakan, dans le Turkestan oriental près de la ville de Kuqa, les montagnes arides de Kucha, dont le nom signifie « rouge » en turc, se dressent, immuables. Sur l'ancienne route de la Soie, des grottes creusées offrirent aux moines bouddhistes venus d'Inde des parois à l'abri de la lumière et des regards indiscrets. À travers les temps nous restent de leur passage des fresques entières racontant la vie de Bouddha.

À gauche

Sur la route de Yarkent, au Turkestan oriental, comme sur d'autres pistes improbables, s'allongent des caravanes de chameaux, placides et chargés, au pas élégant, à l'allure altière, aux côtés de nomades d'un autre temps.

Ci-dessus

La soie était monnaie d'échange, trésor à rapporter par les voyageurs européens. Elle a laissé son nom à la route maintes fois empruntée. Dans le marché d'Achgabat, au Turkménistan, ses fils colorés s'entremêlent.

PRÉLUDE

Depuis deux mille ans, le Turkestan oriental, est le berceau de la fabrication de la soie. Dans le village de Jiya, à l'ouest de Khotan, le temps n'a pas effacé les gestes millénaires ni changé les outils : les femmes veillent toujours aux vers à soie, filent sur la roue et tissent la précieuse étoffe.

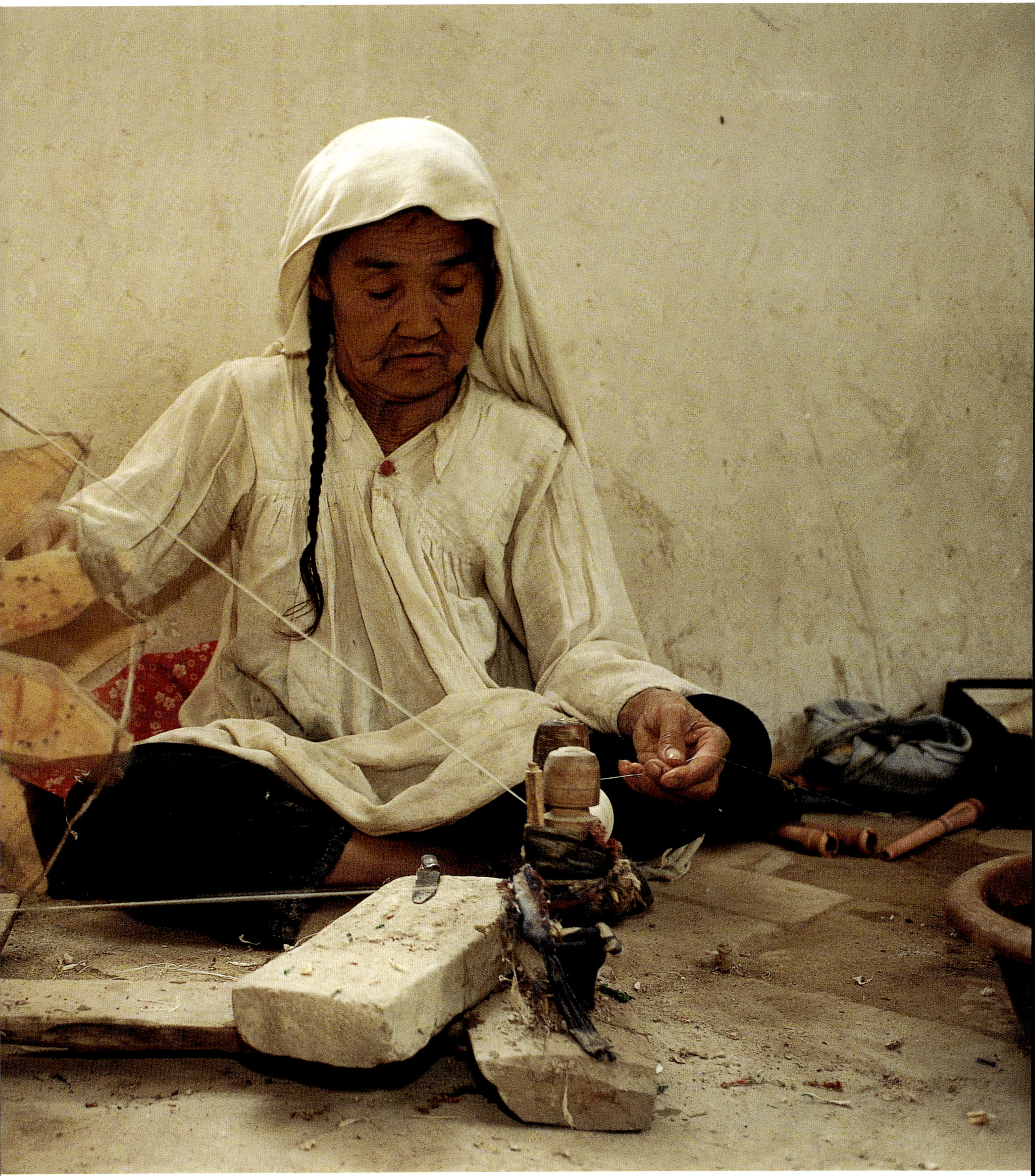

PRÉLUDE

basilique Saint-Marc, lui vole surtout ses fiefs, ses bastions de commerce et de troc. Marco et les siens ont ouvert la voie, poussent l'aventure plus loin, à la recherche du pays des Sères, ces mystérieux confins qui hantaient la Rome antique avant de se nommer la Chine. La route de la Soie devient dès lors le sentier d'une histoire fabuleuse, une liaison dangereuse et passionnée entre des mondes que tout sépare. Les ambassades des uns, les caravanes des Polo et des héritiers, mais aussi les vers des autres, l'imagination débridée des saltimbanques de Rûmî, la sagesse des soufis, le verbe des conteurs vont tisser une magnifique toile d'ententes et de rapprochements. Longtemps, l'Occident s'est construit sur un horizon martial, celui des croisades, où l'on guerroyait, nobles barons et manants sans terre, pour se créer un miroir au vieux monde. Ce miroir existe encore, *a contrario*, avec une soif de revanche qui perdure dans maintes contrées d'Orient, un désir de vengeance pour les humiliations passées et présentes.

Il existe cependant une route en contrepoint, qui a tout autant *construit* le monde occidental, celle de la route de la Soie. Nulle volonté d'un miroir belliqueux sur ce maillage de chemins, ou si peu, plutôt la célébration d'une entente longtemps gardée discrète. Savons-nous que la philosophie antique, peu à peu abandonnée par le monde chrétien après la victoire des Barbares sur Rome, est revenue sur le continent grâce aux califes de Bagdad, via l'empire des Maures ? Savons-nous que la religion musulmane a connu là-bas, dans des oasis ensevelies sous les sables ou dans des villes oubliées telle Herat, une apothéose des arts digne de la Renaissance ? Que les miniatures persanes ont longtemps combattu le dogme, avec des peintres et des commanditaires princiers aptes à représenter l'homme et la femme selon leurs traits propres, et jusque dans leurs amours ?

Oui, Marco Polo et Rûmî auraient pu se rencontrer au détour d'une marche forcée sur cette route longue comme des siècles. Ils auraient pu chanter leur soif de curiosité et danser comme des derviches tourneurs, le mouvement fondé par le poète soufi, pour que la mémoire garde plus de traces encore de cette double épopée, celle du marchand et celle du penseur mystique. Nul doute que l'ami des vendeurs de soie et l'ami de Dieu auraient aimé se donner la main. La route de la Soie permet aussi la célébration de leur rencontre manquée mais constamment imaginée par les hommes qui ont pris le relais, des deux côtés. Comme l'énonce le philosophe Mircea Eliade, le mythe célébré est celui de l'éternel retour. Une fuite du temps pour mieux le convoquer. Un mélange des genres pour engendrer non pas une pensée hybride mais une double pensée, une rencontre. Telle est sans doute la meilleure définition de ce chemin initiatique et mercantile : la philosophie du rendez-vous, l'émergence d'un esprit vagabond

PRÉLUDE

À gauche
Dans le village de Jiya, à la porte du désert de Taklamakan, dans le Turkestan oriental, Tursun Niaz amidonne la soie tissée sur un métier en bois de son souffle chargé d'eau savonneuse.

Ci-dessus
Non loin de Kachgar, dans le Turkestan oriental, la ville d'Artux s'anime d'un marché de la soie, abrité des rayons du soleil. Les étoffes bariolées attirent le regard et les caresses des femmes.

EMPIRE OTTOMAN

ISTANBUL
La porte de la Soie

Avec ses caravansérails cachés et ses couvents de soufis, Istanbul mérite autant que Venise le surnom de « porte de la Soie ». Si elle a longtemps rivalisé avec la Sérénissime, la Sublime veut encore symboliser cette tentation de l'Orient. Ici non pas commence mais *renaît* la route de la Soie. Ce perpétuel recommencement, Istanbul l'expérimente depuis une dizaine d'années. Quand les islamistes de l'AKP (Parti de la justice et du développement) ont brigué la mairie d'Istanbul, dans les années 1990, leurs meilleurs porte-parole étaient des midinettes maquillées dont l'apparence n'avait rien de fondamentaliste. Elles évoquaient sagement, dans les immeubles, les rues et les cafés, les cousins de la Turquie, ces frères perdus des steppes, d'Asie centrale, d'Azerbaïdjan ou du Kazakhstan, comme si l'ancien Empire ottoman se devait de revendiquer ses racines. La chute de l'Empire soviétique permettait de lever le voile sur ces royaumes oubliés, ces noms aux parfums d'Orient, Boukhara, Samarcande, Bakou, des villes mythiques si proches, si lointaines.

La fraternité turcophone se découvrait d'autres terres, en friche, où l'on se comprenait si bien. Le rêve de ce panturquisme a fait long feu. Mais dans les rues d'Istanbul, les venelles d'Aksaray, les placettes de Haseki, traînent encore les héritiers de cette aventure. Marchands kazakhs aux épais manteaux, commerçants kirghiz aux yeux bridés, bonimenteurs débarquant de la Caspienne avec des appétits de conquérants, voyageurs en pelisse qui semblent surgir d'une caravane antique... On croirait entendre le murmure des portes de la Soie, le chant de Saadi au XIIIe siècle, « Chamelier ! retiens la litière ! ne pousse point ta caravane ! », ou le cri de Manoutcheri au Xe siècle, « Le chef de caravane a quitté la station / On a fait le premier battement de timbale / Et les chameliers attachent la litière / La prière du soir est proche, la nuit tombe ». Istanbul, pour les peuples de la route de la Soie, représente aussi cela, une perle du négoce, un aboutissement de la longue marche, une fenêtre ouverte sur le monde, vieux et nouveau.

Sur le pont de Galata qui s'arc-boute sur la Corne d'Or, Yigit Bener devise sur les soubresauts de l'Empire ottoman, sur ce regard tourné vers son Orient. Romancier et traducteur, Bener a choisi de vivre sur la rive asiatique, où il retourne le soir en lançant, comme nombre de Stambouliotes de l'autre rive : « Je vais en Asie ! » Sur le pont, au-dessus du café ancré dans les arches de l'ouvrage, les pêcheurs traquent le goujon tandis qu'une foule de mouettes guette les généreux offrant du pain au vent du Bosphore et de la Corne d'Or. Longtemps, l'écrivain a combattu les islamistes au pouvoir et le Premier ministre Recep Tayyip Erdogan, qui fut pendant plusieurs années maire d'Istanbul. Il se gaussait des procès lancés par les fondamentalistes, il fustigeait les tentatives du maire pour interdire les cafés de Beyoglu, s'amusait du tollé provoqué par de tels dérapages. Aujourd'hui, Yigit Bener est plus circonspect. Ces islamistes, dit-il, visent non pas la théocratie mais un modèle islamo-démocrate similaire à la démocratie chrétienne en Allemagne. Hier farouche républicain, le voilà non pas partisan d'Erdogan, qu'il voit de temps à autre, mais du moins à l'écoute de ses thèses. La dérive vers l'islam n'est qu'un retour aux sources, plaide-t-il, une manière de catalyser les frustrations, d'endiguer les

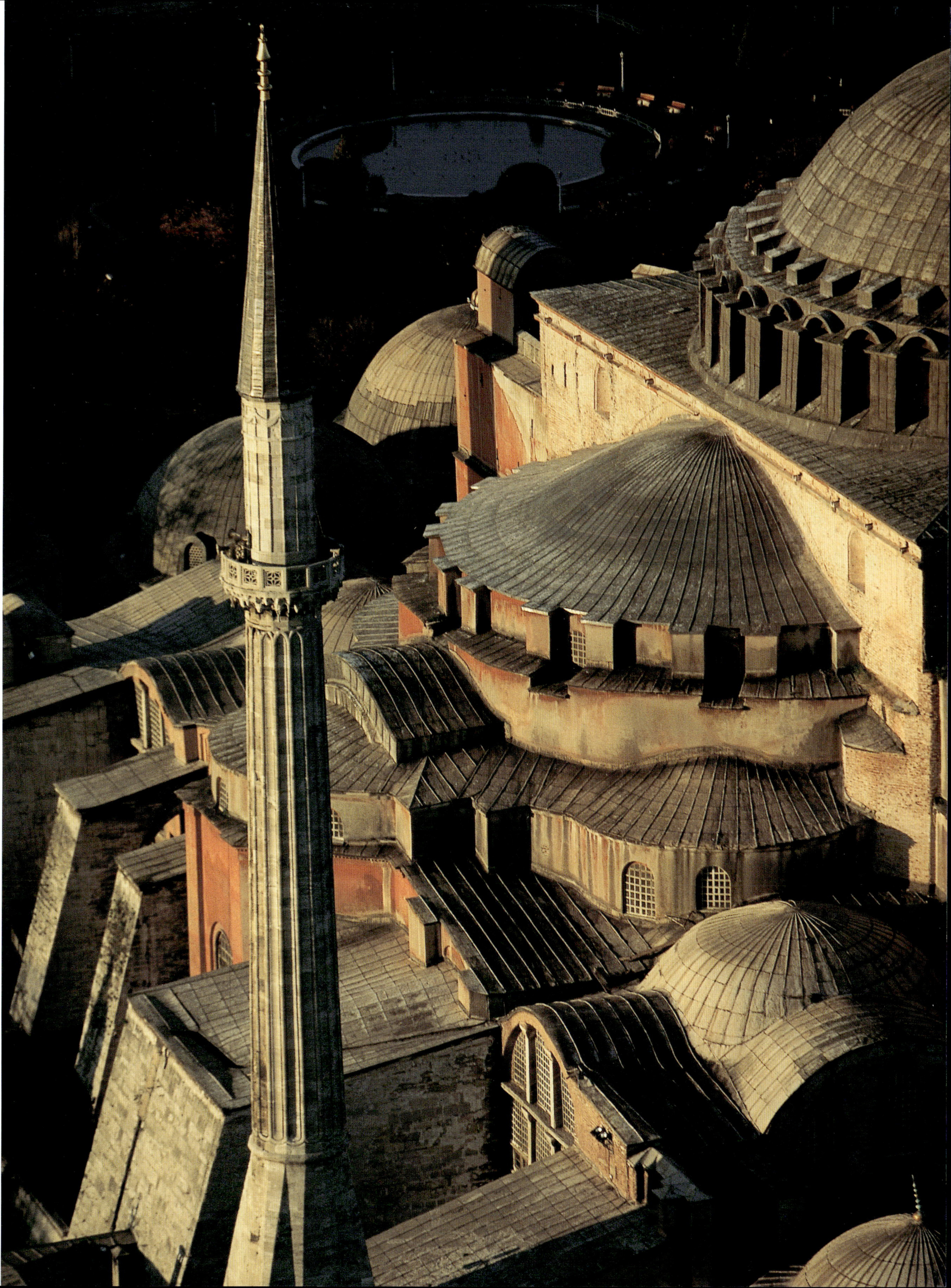

ISTANBUL *La porte de la soie*

Cité dans la ville, le palais ottoman de Topkapi a dominé le Bosphore et régné sur une partie du monde pendant plus de quatre siècles. Passage obligé des éminents voyageurs venus de l'est et de l'ouest, Topkapi fut longtemps la demeure des empereurs qui se sont succédé à la tête de l'Empire ottoman.
Lieu d'échanges culturels, artistiques, scientifiques, Topkapi était un réceptacle de nouveautés venues du monde entier, qui étaient ensuite répandues dans les provinces les plus reculées, au fil des conquêtes. Musiciens et miniaturistes, poètes et penseurs, astrologues et médecins, vizirs et guerriers, tous venaient se soumettre à l'autorité.
À l'abri du désir des passants d'un jour, les femmes, beautés du monde entier, peuplaient le harem, sorte de Babel de l'esthète dominant.

Page précédente

Istanbul, ou Constantinople, à la croisée des mondes, des cultures, des religions, est une invitation permanente au voyage dans l'Histoire. La cathédrale Sainte-Sophie, construite sous l'empereur Justinien en 537, garde la mémoire de la ville. De cette cathédrale transformée en mosquée, entre Orient et Occident, l'architecture de ce monument byzantin raconte les influences subies.

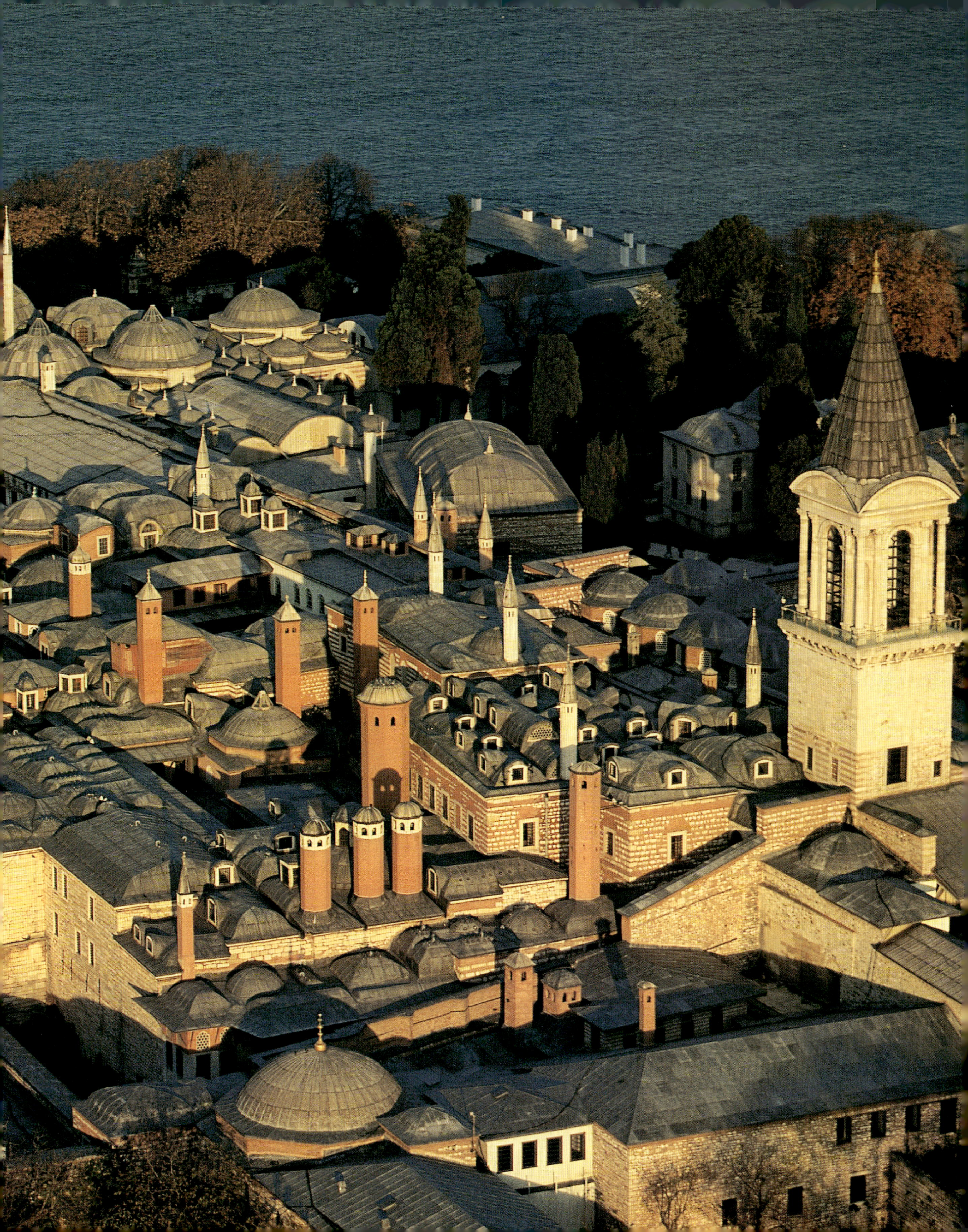

Sur la faille anatolienne, la terre a tremblé au fil des siècles. Elle s'est ouverte et la Méditerranée s'est engouffrée donnant naissance au Bosphore, et à la mer Noire. Les voyageurs empruntent l'étroit détroit qui sépare l'Occident de l'Orient. Ils voguent entre Istanbul l'européenne, où se dressent les minarets élégants de la Mosquée bleue, et Istanbul l'asiatique.

périls inhérents à une modernisation forcée. Cette plongée vers les racines serait un pis-aller, une garantie de maintenir à flot la démocratie, malmenée par un Orient de voisinage trouble, quelques désordres à la maison, une rébellion kurde, des islamistes beaucoup plus fondamentalistes qui attendraient leur heure…
Sur cette Corne d'Or qui sépara l'ancien quartier franc, Pera, de Topkapi et du quartier des sultans, Yigit Bener se demande aussi ce qui pourra surgir de ce curieux mélange, unique sur la route de la Soie, fait de modernité, de tradition ottomane, de raffinement stambouliote, de tolérance envers l'autre, depuis la chute de Constantinople aux mains de Mehmet II, le sultan victorieux, qui avait moins de 21 ans, en l'an 1453. Bref, un cosmopolitisme à la turque qui renvoie à l'esprit d'Alexandrie. Longtemps, sur ces rives, cohabitèrent les religieux, les minorités, les peuples d'Orient sous la protection du sultan, même si le statut de la dhimmitude réservait aux non-croyants un statut de citoyen de seconde zone. À l'autre bout de la Corne d'Or, en face, par-delà la rive asiatique et les plateaux d'Anatolie, s'étalent les anciennes satrapies, les prochaines étapes de la route de la Soie, soumises elles aussi à ce dilemme : comment conserver ses racines dans un tel maelström de modernité et un décor de conflit…

Ville-empire

La route de la Soie n'a jamais renié son paysage martial mais, contrairement à la route des croisades, n'a pas cherché à se forger une identité dans la guerre. Serait-ce le pourquoi d'une telle fascination pour les voyageurs d'Occident, qui renouent avec la tradition des caravaniers, s'enfoncent vers les steppes, en quête d'oasis improbables, à la suite d'Alexandra David-Néel, de Nicolas Bouvier ou d'Ella Maillart ?
La magie d'Istanbul réside *aussi* dans ce mélange incroyable, cette litanie de victoires byzantines et ottomanes sur les autres et sur soi égrenées dans les murs, des strates d'histoire que révèlent les maisons, les yalis, palais de bois sur le Bosphore, monuments anciens qui se cachent derrière des maisons neuves, tels ces caravansérails noirs de suie à Tophane et au pied de Cihangir. Voilà ce que montre l'historien Edhem Eldem, depuis les murailles du palais de Topkapi : une ville-empire qui a absorbé ses conquêtes tel un Barbe-Bleue, une cité-État qui s'est bâtie et rebâtie en ingérant les palais d'hier. Byzance, Constantinople et Istanbul ne se sont pas succédé, elles se sont mélangées. Istanbul a ce statut particulier sur la route de la Soie d'avoir transcendé la guerre pour sublimer le cosmopolitisme. « Quand Mehmet II prend la ville en 1453, dit Edhem Eldem, Constantinople est déjà sérieusement ébranlée par les coups de boutoir des siècles précédents. Pas par les Turcs qui déboulent des steppes d'Asie centrale et des plateaux d'Anatolie mais par la chrétienté elle-même. Venise voulait un empire colonial à tout prix et détruire ainsi celui des Byzantins. » La Sérénissime y parvient sans trop de peine. En 1204, la quatrième croisade est détournée. Un vieux doge à moitié aveugle, Enrico Dandolo, convoque les nobles barons et leurs troupes en guenilles. Il les tient, les finance, les manipule. La vraie guerre à mener est non pas celle contre les mahométans, là-bas, mais contre « l'empire des dépravés », ces Byzantins de malheur et débauchés qui se prétendent fidèles du Christ. Les nobles barons écoutent. Ils n'ont pas le choix. Le doge faussement magnanime leur ordonne de s'embarquer pour les rives du Bosphore, bien loin de la Terre sainte, afin de combattre ces marchands du Temple qui gênent tant Venise. À Byzance, l'empereur très chrétien frémit. C'est un coup de poignard dans le dos. Des croyants vont combattre d'autres croyants. La loyauté des fidèles est une imposture.
Les nefs parviennent déjà aux portes de Constantinople, la nouvelle Rome, celle qui a sauvé la chrétienté lorsque les bandes de Barbares ont envahi l'Empire romain. Les murailles de la ville-monde résistent. On se bat beaucoup sur terre et très peu sur mer. Les Byzantins combattent vaillamment, mais les croisés mandatés par Venise et le doge vieillissant rêvent à leur tour des merveilles du Bosphore, des trésors dont Enrico Dandolo leur a tant parlé, de l'or, des soieries, des rubis qui dorment dans les coffres, vaisselle d'argent, satin, étoffes et pierres mélangées comme des offrandes aux conquérants de la route de la Soie. Magnanime, Dandolo accorde un présent à ses soudards : trois jours de pillage. Le sac est immense, la brutalité est inouïe, décrits dans *La Conquête de Constantinople* par Geoffroi de Villehardouin, un homme que l'on imagine en train de se servir dans la caisse, manteaux de vair, de gris, d'hermine, « et tous les objets de prix qui furent jamais trouvés sur terre ».
Le sang appelle le sang, la violence oublie les croyances. Débarqués sur tous les fronts, les croisés traversent les murailles, transpercent les cœurs, bafouent la foi. « En conscience, depuis que le monde fut créé, il ne fut fait tant de butin en une ville », écrit encore le

pillard-chroniqueur de Villehardouin. Les sbires de la quatrième croisade détruisent les images de ces adorateurs d'icônes, longtemps eux-mêmes iconoclastes, sous Léon III l'Isaurien. Ils renversent les statues, brisent les autels, souillent les églises hérétiques, violent les religieuses jusque sous le portrait du Christ. Cette croisade est barbare, comme toutes les autres, car pour mettre à genoux la ville félonne Dandolo exige la peur. La ville-monde ne doit plus être enviée du monde, elle doit se soumettre à jamais devant la bannière de Venise. La soif de sang du doge aveugle s'avère sans limites.
Son ordre a été plus qu'entendu. Les grands seigneurs de la croisade, Foulques de Neuilly, le comte de Champagne Thibaut et Geoffroi de Villehardouin, y répondent plus qu'à leur tour. N'ont-ils pas lu sous la plume d'Odon de Deuil, chroniqueur de la deuxième croisade dans les pas de Louis VII le Jeune, de 1147 à 1149 : « La ville est sale, dégoûtante, pleine d'ordures. Les maisons des riches débordent sur les rues qui sont abandonnées aux pauvres. Il s'y commet à la faveur des ténèbres des crimes et des scélératesses. En tout, cette ville dépasse la mesure. » Protégés par l'empereur de Byzance, les penseurs grecs, en enseignant le discours de Plotin et le néoplatonisme qui mettent en péril le lien séculaire entre philosophie et théologie, ont menacé le dogme, ajoutent les partisans du Vénitien Dandolo. Alors on égorge pour un rien. Constantinople doit non seulement mettre genou à terre mais aussi se souvenir de son insolence pour l'éternité. Venise a gagné, mais à quel prix ! Les ruelles de la ville éternelle regorgent de sang. La mémoire en est à jamais meurtrie. Le sac de Constantinople laissera des traces pour longtemps. La route de la Soie est aussi une mémoire du sang.
Alors que la Sérénissime victorieuse copie sa rivale tout juste conquise, rapatrie des trésors, imite ses arches, canons esthétiques, magnifiques coupoles et piliers, les Constantinopolitains maudissent pendant des siècles Venise et cet Occident si peu charitable. « Plutôt le turban que la mitre », rappelle Edhem Eldem. Vassale faussement soumise de Venise, Constantinople se met à regarder vers son Orient, à maudire les autres chrétiens, leur préfère les Ottomans qui commencent à gronder dans les marches de l'empire. Certains pensent que les mahométans seront leurs sauveurs, moins barbares que les croisés.

ISTANBUL *Des bouffées de vent tiède*

Dans les terres de l'Anatolie, les caravansérails de Cappadoce représentent souvent une halte salvatrice. À Göreme, les tapis tissés à la main ont envahi la cour intérieure de cette demeure qui s'animait des pas des chevaux, chameaux, ânes et des voitures d'attelage des voyageurs sur la route de la Soie.

De ce sac de Constantinople, les conséquences sont immenses. La ville-monde du Bosphore est ébranlée. À l'Orient, les seigneurs conquérants des steppes considèrent cette trahison des *roumis* par les *roumis*, de la chrétienté envers la chrétienté, comme un signal. Deux siècles et demi plus tard, lorsque les cavaliers ottomans déferlent sur les remparts de Constantinople, le jeune sultan Mehmet II parie sur l'indifférence du monde chrétien. Il n'a pas tort. On laisse à son triste sort la vieille rivale de Venise. Certains historiens estiment même que ce sont les Génois de Constantinople, dans leur quartier de la ville franque de Pera, qui ouvrirent les portes de la ville, ou plutôt l'immense chaîne qui barre la Corne d'Or, permettant aux navires ottomans de prendre à revers la maîtresse de l'univers.

Des bouffées de vent tiède

Sur les murailles du palais des sultans à Istanbul, Edhem Eldem explique longuement la chute de Constantinople en 1453. L'historien est en baskets et en jean, les cheveux crépus, et n'évoque en rien l'image d'un chercheur perdu au milieu de livres mités dans une bibliothèque de poussière. Il montre les secrets du sérail, les niches des sultans, les maisons suintant d'humidité où l'on souffrait de phtisie, avec un empire à l'agonie. Depuis le palais de Topkapi, on aperçoit la rive asiatique, la brume matinale qui découvre le plateau d'Anatolie, des navires qui se croisent sur le Bosphore, le pont qui flotte entre deux mondes et survole les embruns. Des *feribots* qui semblent minuscules coupent la route à de gigantesques pétroliers, des chalutiers narguent un cargo russe, des caïques de bois résistent aux flots tels des fétus de paille. Le

ISTANBUL *Des bouffées de vent tiède*

ISTANBUL *Des bouffées de vent tiède*

ISTANBUL *Des bouffées de vent tiède*

Dans sa ville natale, en Cappadoce, le poète mystique Haji Bektash Veli rassemble bien longtemps après sa mort des pèlerins venus de contrées lointaines. Enlaçant le tronc témoin de leurs bras avec une ferveur jamais éteinte au fil des siècles, ils prient, pleurent et dansent pendant plusieurs jours.

courant est fort et les mouettes se jettent dans les flots à la recherche de leur pitance. Lawrence Durrell aurait été chez lui ici, lorsqu'il écrit dans *Le Quatuor d'Alexandrie*, face à la Méditerranée : « Des bouffées de vent tiède viennent désorienter les sens. »
Edhem Eldem est impatient de me livrer les secrets du palais des Ottomans. Il connaît par cœur les sursauts de l'empire, les moments de conquête, les terres d'expansion lorsque tremblait l'Occident devant les plénipotentiaires d'Istanbul. Il sublime aussi les âges d'or de l'empire. Les annales évoquent le règne de gloire de Soliman le Magnifique. Mais le premier âge d'or ne commence-t-il pas avec la prise de la ville en l'an de grâce 1453 du calendrier chrétien ? Aux portes de la cité-monde, Mehmet II n'est qu'un jeune sultan de vingt et un ans. Il peste d'impatience, ses hommes n'en peuvent plus d'attendre, ils rêvent tous du pillage, de prendre la ville et les femmes qui se terrent derrière les murs. Il ferraille depuis des mois devant Constantinople assiégée lorsque ses lieutenants parviennent à prendre une porte, puis une seconde. Les défenseurs sont affamés. Ils résistent pourtant dans les ruelles couvertes de sang, comblent les trous au pied des murailles, mangent les rats, survivent dans la vermine, se battent à un contre cent. Alors les fantassins et marins turcs se déchaînent. Ils pillent et violent comme les croisés en 1204 sur ordre de Venise. Les enfants sont empalés, la superbe cathédrale byzantine Sainte-Sophie est vandalisée. On enchaîne les plus forts des survivants pour les emmener en captivité et on trucide les autres d'un coup de cimeterre. « Le carnage fut tel, écrit Chateaubriand dans son *Itinéraire de Paris à Jérusalem*, citant le moine Robert, que les cadavres mutilés étaient entraînés par les flots de sang jusque dans le parvis ; les mains et les bras coupés flottaient sur ce sang, et allaient s'unir à des corps auxquels ils n'avaient point appartenu. »

Plus loin, près d'une porte, un soldat ottoman aperçoit des bottes pourpres sur un cadavre. Aucun doute, ce sont celles de l'empereur Constantin, onzième du nom et mort onze cents ans après son ancêtre Constantin Ier, fondateur de Constantinople, la ville-phare devenue pervertie, fief des bandits byzantins, les hérétiques aux yeux de Rome. L'empereur a combattu lui-même au milieu de la masse des défenseurs, des sans-grades, des futurs occis qui défendent chèrement leur peau et l'honneur de la ville. Il est mort en héros du peuple, c'est-à-dire en byzantin.

Mehmet II demande l'arrêt de l'orgie sanglante. Il ne veut point ternir les prémices de son règne de gloire, au contraire. En envahissant la ville, le Grand Turc vainqueur *sédentarise* l'empire. Il comprend vite que celui qui maîtrise le Bosphore régnera sur le monde. Le Coran ne mentionne-t-il pas dans la sourate « L'Aube » : « Une ville telle que jamais on n'en créa de semblable dans aucun pays » ? Intelligent, fin, autant politique que stratège à cheval, le sultan victorieux s'avance vers Sainte-Sophie, bordée de cadavres et de membres coupés, met genou à terre, prend une poignée de poussière et en recouvre son turban, geste d'humilité devant la vénérable basilique autant que de possession. Mehmet II concrétise la prophétie attribuée au prophète Mahomet à propos de la ville-monde : « Heureuse l'armée, heureux le chef qui la prendrait. »

Il embrasse le sol.

Constantinople devient Istanbul.

Voilà ce que dit Edhem Eldem : le passé turc est contenu dans le fruit de la conquête, dans les fondations de Byzance. En prenant le nombril du monde, Mehmet II s'évertue aussitôt, malgré son jeune âge, à perpétuer l'éclat de la cité du Bosphore. Il invite les Grecs, Juifs, Arméniens, Syriaques, Génois, à venir ou revenir sur les bords du Bosphore, il convoque artistes, poètes, écrivains, illustrateurs, graveurs, orfèvres pour relustrer la grandeur d'Istanbul, la ville du sultan et commandeur des croyants. Revanche de Constantinople sur la Sérénissime, c'est un peintre vénitien qui s'attire les faveurs du maître du Bosphore. Gentile Bellini peint Mehmet II al-Fatih – « le Conquérant » – sous toutes les coutures ou presque. Le jeune sultan s'intronise ami des lettres, mécène des artistes. C'est là l'une des conditions pour asseoir son empire des steppes sur un horizon aussi prestigieux que celui de l'entre-deux-mondes, le détroit du Bosphore. Or c'est précisément cet enracinement byzantin que le renouveau turc cherche aujourd'hui à effacer, comme s'il voulait gommer les origines de la ville. Il s'agit moins d'une référence au berceau d'Istanbul que d'une *réinvention* du cosmopolitisme du XIXe siècle. De cette lecture, la modernité turque s'offre trois interprétations, complémentaires ou contradictoires c'est selon : une tradition musulmane, un nationalisme fort, un culte de la tolérance. Trois ingrédients que l'on retrouve de part et d'autre de cette route de la Soie, comme si les peuples de cet Orient-là, en renouant avec leurs racines, d'Istanbul à Pékin, de la Perse à l'Asie du milieu, se donnaient une caution pour mieux affronter la modernité.

En Turquie, le mouvement islamiste s'est ainsi emparé du discours de la gauche des années 1980 pour prendre le pouvoir. Paradoxe des nouveaux sultans qui règnent à Ankara et d'Erdogan au premier chef : les porte-parole d'un islam politique qui se fond plus ou moins bien dans le moule républicain s'avèrent davantage pro-européens que les militaires, lesquels veillent toujours sur les destinées de la Turquie, soixante-dix ans après la mort de leur mentor Kemal Atatürk, le Père de tous les Turcs, fondateur de la République moderne en 1923.

C'est ainsi que revient en vogue en Turquie le culte de Jalâl al-Dîn Rûmî. « On le surexploite pour parler d'un universalisme anatolien », juge Edhem Eldem. Est sublimé par le culte du poète un certain mysticisme turc. Les deux tentations se confondent, d'un côté celle de l'Orient, de l'autre celle de l'Occident. La Turquie moderne célébrerait en fait une nostalgie occidentalisante, dit Edhem Eldem, encouragée par le régime turc, un besoin irrépressible de revenir au cosmopolitisme d'antan, de manière à satisfaire les désirs de la bourgeoisie bien-pensante et son vœu de s'intégrer à l'Europe. Nurdogan Sengüler, lui, croit à ce renouveau de Rûmî sur la route de la Soie. Nurdogan, qui dirige une galerie d'art à Istanbul, non loin du palais des sultans, ressemble étrangement à Robert De Niro et il ne déteste pas la comparaison. Il veut m'emmener de l'autre côté du Bosphore par le *feribot* du soir afin de me montrer un *tekké* secret, un couvent des derviches tourneurs qui doit rester à l'écart des circuits touristiques, à Uskudar. Sur le bateau fouetté par les embruns, Nurdogan-De Niro regarde la rive asiatique et jure que le soufisme, là-bas, revit. « C'est le retour de Mevlana, notre maître Rûmî. Il continue de nous donner des idées. Quant à l'islamisme, il s'agit d'une paranoïa des Européens ! Rûmî n'a fait que prêcher le respect, le dialogue et l'amour de l'Autre. Allez donc à Konya et vous verrez le nombre d'étrangers qui le vénèrent encore ! »

Dans le village de Kizilagaj, le jour est à la fête. L'homme fort du lieu marie son fils. Il a emprunté la route entre Orient et Occident, pour marquer de son dessin les tissus et autres bijoux. Habits de fête pour l'occasion et lourde ceinture en argent dont la boucle est en forme de bôté.

Son torse imberbe de lutteur turc arborait un bijou : l'épée d'Ali, vénéré par les chiites et les alaouites. Et si la route de la Soie était aussi la route des brassages culturels et religieux sur laquelle les signes d'un peuple ont voyagé pour se retrouver ailleurs ?

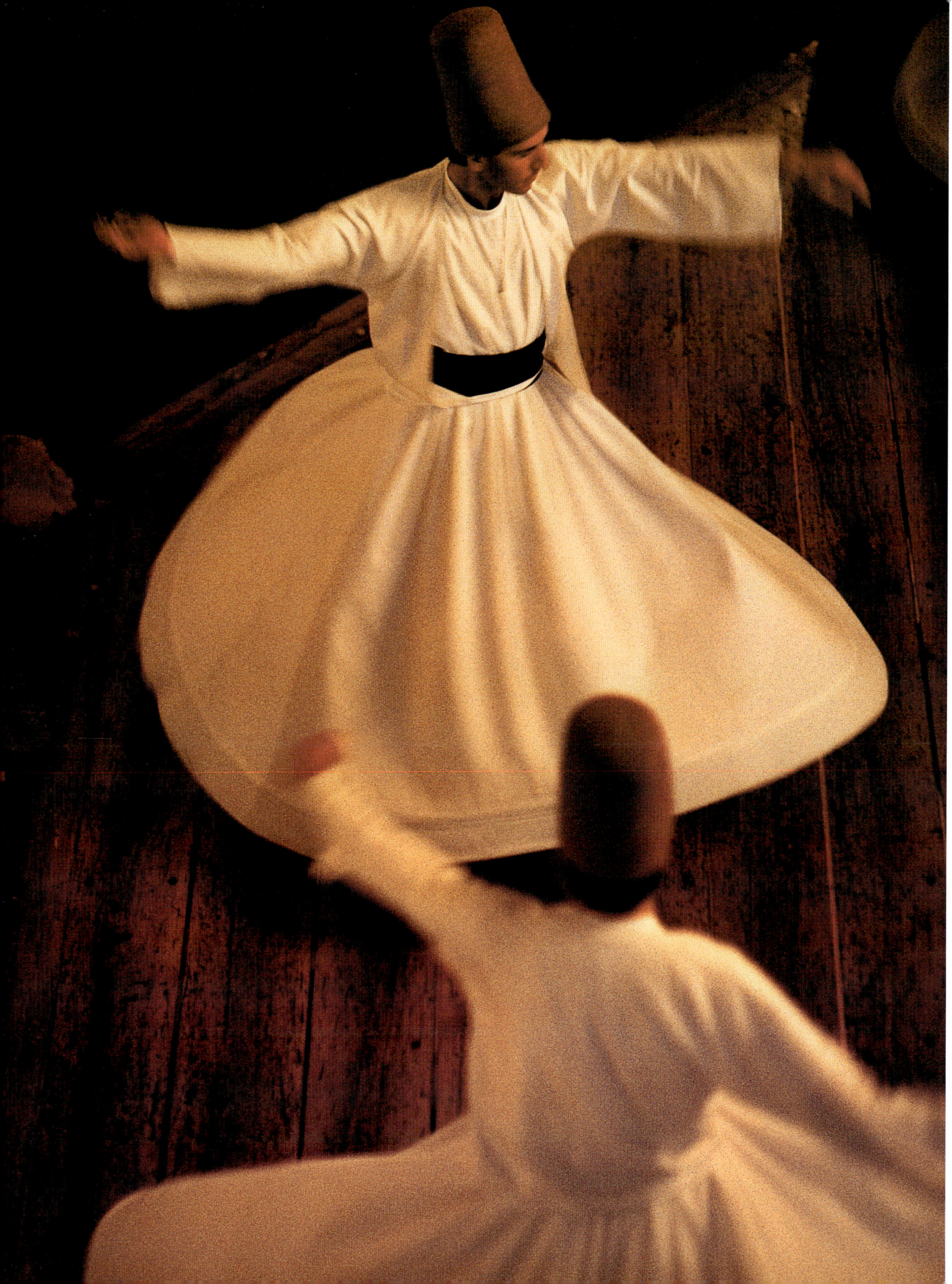

ANATOLIE

KONYA
Le secret des derviches

Sur la rive asiatique, il y a de riches Turcs qui boudent le côté européen et des gueux, des Stambouliotes parvenus et de pauvres Anatoliens débarqués de leurs villages avec des yeux de conquérants, mais qui restent à l'écart des fastes de la ville. Ces mêmes mendiants et orgueilleux se retrouvent dans le *tekké* de Hassan Dede, maître du soufisme. Le couvent est petit, tapissé de moquette verte, aux murs bleus. Nurdogan Sengüler n'est pas peu fier de me montrer ce bijou du mysticisme, là où les hommes côtoient Dieu en invoquant pieusement son nom et en prônant l'humilité. Sur les soixante derviches qui se réunissent ce soir-là autour de quinze musiciens, la moitié sont des femmes ! Certaines sont jeunes et belles, arrivent en jean, les lèvres maquillées, se changent dans une petite pièce pour revêtir la tenue noire de la danse-transe. Hassan Dede, qui doit avoir plus de soixante ans, les cheveux soigneusement lissés, la parole brève et chaleureuse, les admire. Il aime leur entrain, leur foi dans la poésie de Rûmî et leur espérance à défier les empires.

Lentement, sous le regard de Nurdogan Sengüler et dans le rythme des joueurs de *ney*, la flûte traditionnelle, les danseuses tournent sur elles-mêmes les yeux fermés, la main vers le ciel, avec une grâce de jeune Parque d'Orient. Les violons, les luths, les percussions assurent une litanie de sons qui rythme la circonvolution, à donner le tournis aux soufis assis, les pieds repliés sur le côté. « Les femmes dansent ainsi avec les hommes depuis 1993, dit Hassan Dede. Le soufisme ici retrouve un nouveau souffle. C'est le Mevlana Rûmî qui renaît ! On va vous dire sur cette route que Rûmî est afghan, ou iranien, ou turc, ou je ne sais quoi. C'est faux ! Le maître n'est pas né dans un village, mais dans le cœur des gens. » Avant de reprendre la sarabande, Hassan Dede parle encore de l'actualité de Rûmî sur cette route de la Soie, qui est aussi à ses yeux celle de la tolérance. « Quand il y a du fanatisme, c'est parce que les hommes n'ont pas suivi les gens de concorde et les maîtres à penser. Mevlana Rûmî a toute sa vie lutté pour l'amour de l'homme. »

Les danseuses et danseurs se sont envolés déjà vers le dôme, dans une communion qui suscite l'admiration des fidèles à leurs pieds, la tête dans les étoiles, des « hooooo ! » surgissant de leurs poitrines en une cascade trop longtemps retenue. Quand on demande à Hassan Dede ce qui définit le mieux le soufisme, celui de Rûmî et des autres, il répond par un mot : « L'amour. »

Comme en écho, des rires parcourent l'assistance qui regarde un danseur s'étourdir à force de rotations. Puis un homme en cravate se lève et entre dans la sarabande sur une moquette usée par les gigues incessantes. Il épouse lui aussi le rythme et la pensée de Rûmî, dont les poèmes célèbrent l'amour mystique, ainsi que la dépossession de soi pour mieux se réapproprier son âme.

Tu es pour moi l'âme et le monde. Que ferais-je de l'âme et du monde ?
Tu es pour moi un trésor répandu. Que ferais-je du gain et de la perte ?
Un temps je suis l'ami du vin, un temps l'ami des viandes grillées.
Puisqu'en ce cycle je suis en ruine, que ferais-je du cycle du temps ?

La route de la Soie a littéralement *absorbé* les pensées de Rûmî et du soufisme. Les paroles du poète ont été colportées de caravansérail en caravansérail, de ville en ville, de village en village, par-delà les frontières et les baronnies. Qui a gagné, de la guerre ou de la tolérance, au terme de cette fascinante route à travers les civilisations, les peuples et les siècles ? Des rives de la Méditerranée à l'Extrême-Orient, dans les deux sens, Marco Polo et Rûmî ont

ANATOLIE *Le secret des derviches*

Page précédente et ci-contre

*Sur les murs de la ville d'Istanbul, un mot
montre le chemin à celui qui sait voir.
Telle une invitation, inlassablement, les murs
délivrent leur message mystérieux : « Viens. »
À chaque pas, je lis et crois entendre l'écho
murmuré de celui qui me conduit.
« Viens. » « Viens. » « Viens. »
Je suis ce jeu de piste inattendu. Malgré
les passants pressés, les obligations du jour,
le brouhaha, je me laisse aller à la poésie
de ce mot. Je le cherche, l'attends au détour
de chaque coin de rue.
Soudain, plus rien.
Une porte ouverte sur un jardin d'antan
aux stèles mortuaires témoins du temps passé :
l'école de Rûmî, « Mevlana Divani », penseur
soufi. Je devine la musique et les voix graves.
Je me glisse derrière une porte. Il est là, tournant
vers l'infini, au rythme d'incantations divines
en une danse mystique, une main vers le ciel,
l'autre vers la terre, tel un message à Dieu :
« Nous sommes un nœud sur une ligne circulaire
d'énergie entre le ciel et la terre. »*

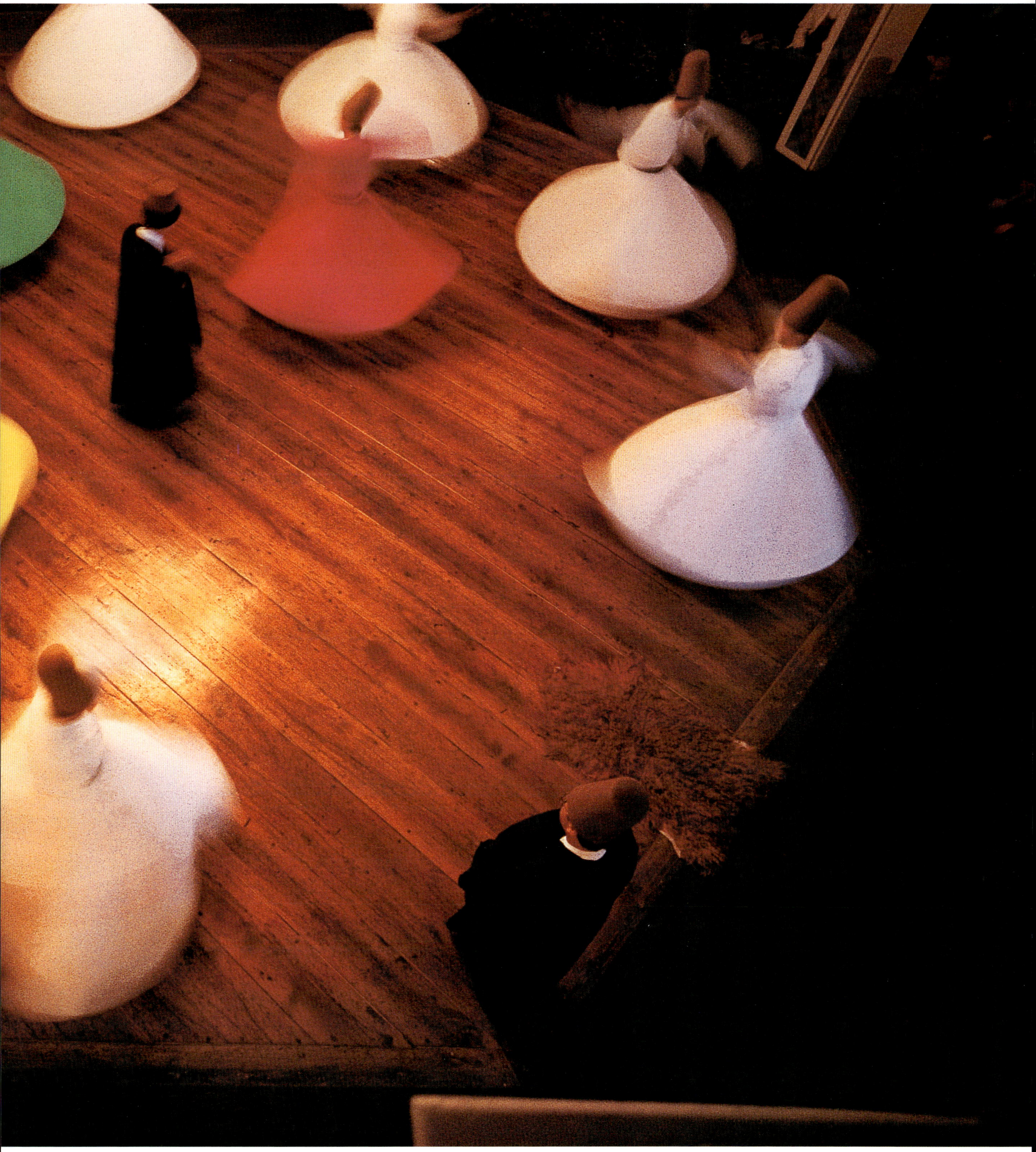

ANATOLIE *Le secret des derviches*

À Istanbul, près de la grande tour de Galata qui domine la Corne d'Or, dans l'école de Rûmî, la confrérie des derviches demeure fidèle à la tradition de leur maître, penseur soufi persan du XIIIe siècle.
Les derviches musiciens accompagnent de leurs instruments et de leur voix la danse circulaire, le sâma. *Les poèmes du maître soufi rythment alors la transe.*

dénoté les deux. Le voyageur au XXIe siècle à son tour relève que la guerre et la tolérance coexistent pour le meilleur et pour le pire, ou plutôt se superposent, dans l'espace et le temps. Vengeance ou réveil des peuples, peu importe : ils se font la guerre et s'aiment. C'est aussi la remarque que l'on peut déduire des périples sur la route de la Soie et en Asie centrale : l'hôte est soumis à une terrible vengeance. Accepté pour ce qu'il est, il appartient à la communauté des hommes. Respecté comme un frère, on peut le tuer comme un frère. Telle est l'une des morales du voyage dans ces confins en trouble : maintes fois, le voyageur sera soumis à une terrible sentence, « Je t'aime et je te tue ».

Voilà précisément la dialectique engendrée par la poésie de Rûmî, la « dialectique de l'amour » que relève l'orientaliste Christian Jambet. Au moment de trouver l'aimé, une partie de soi disparaît, lorsque l'âme ne peut véritablement exister que par l'autre. La question de l'essence de l'âme est posée dans la poésie de Rûmî qui recommande l'extinction de soi : « Deviens celui qui se noie et l'âme, cette coquille, s'emplira de perles. »

La musique de Kudsi

Cette route de la Soie, un ami afghan l'appelle précisément la route de « soi ». Celle où il se retrouve, où il se rappelle constamment l'existence de son âme, et celle de Rûmî, qu'il vénère depuis son exil parisien. De Venise à Kaboul, lui aussi chante la tolérance sur le chemin de son maître. À Konya, il rencontre Kudsi Erguner, maître soufi comme Hassan Dede, bien qu'ils soient rivaux. L'un des meilleurs musiciens de ney au monde, Erguner promène sa flûte de roseau de Paris, où il vit une partie de l'année, à Istanbul et Konya, où trône le tombeau de Rûmî que viennent visiter chaque année des milliers de fidèles et de voyageurs.

Kudsi Erguner est très populaire en Turquie et sur maintes étapes de la route de la Soie. La musique, dit-il, complète le mysticisme, une tradition vivante en Turquie par la littérature et les vieilles pratiques du soufisme. Petit-fils d'un Cosaque et d'une Grecque, Kudsi a joué avec les grands de la *world music*, dont Peter Gabriel. Il a invité en Europe Nusrat Fateh Ali Khan, qu'il a contribué à faire connaître, et s'est lancé

Tel un rituel, l'arbre sacrifié et sacré offre au vent les morceaux de tissus, traces des secrets et vœux noués sur ses branches par des pèlerins fervents. Ils sont venus célébrer l'anniversaire de Haji Bektash Veli, mystique soufi, dans sa ville natale, qui porte son nom.

dans quelques improvisations avec Didier Lockwood et Michel Portal. Infatigable musicien, il a aussi enregistré maintes bandes sonores de films pour Costa-Gavras, Martin Scorsese, Peter Brook et son *Mahabharata* ou *Rencontres avec des hommes remarquables*, d'après le livre de l'ésotériste Gurdjieff, ainsi que l'orchestration de chorégraphies, notamment celles de Carolyn Carlson et de Maurice Béjart, autant d'initiatives, de concerts et de disques qui lui permettent de jeter des ponts entre l'Orient et l'Occident, même si celui-ci depuis deux siècles, certes fasciné, multiplie les incompréhensions et les légèretés. Maurice Béjart, qui a vu Kudsi « faire vibrer la montagne dans les *Rencontres avec des hommes remarquables* », a été lui aussi fasciné par les danses des derviches tourneurs et à force de contempler le *sâma* il s'est rapproché de Jalâl al-Dîn Rûmî, qu'il appelle « mon frère, notre maître : Mevlana, comme chaque jour, je viens entre tes vers chercher la fleur qui sera le parfum de ma méditation ».

Devant le *tekké* de Rûmî, son couvent qui lui sert de tombeau, dalles de marbre et fontaine d'ablutions, là où le sage a écarté argentiers et orfèvres pour se lancer dans la méditation, Kudsi Erguner éprouve une certaine émotion. On vient prier ici pour avoir des enfants, rêver de se marier, espérer régler ses dettes. Le mausolée au parquet de bois, dernière escale du maître soufi, poète le plus lu aux États-Unis depuis dix ans, est désormais une étape touristique, un endroit où se croisent des visiteurs pressés, avec des basketteurs pour remplir le rôle de derviches tourneurs au gymnase du coin.

Posée au milieu de la steppe en altitude, au sud-est de Gordion où Alexandre trancha le fameux nœud gordien, lui ouvrant la voie vers l'Orient et l'Asie, Konya est une ville brûlante l'été, glaciale l'hiver, balayée par les vents des plateaux. Elle est devenue surtout une ville rigoriste de la route de la Soie, une forteresse-symbole pour les islamistes turcs. Cité sainte et oasis des steppes, l'ancienne capitale des Seldjoukides, qui fondèrent le plus puissant État turc du Moyen Âge, au XIe siècle, est le berceau de l'AKP, le Parti de la justice et du développement du Premier ministre islamiste Recep Tayyip Erdogan. Comment les fondamentalistes ont-ils pu transformer la vitrine du soufisme en fief de leurs rectitudes, se demande-t-on en entrant dans le couvent de Rûmî ? « Une ville

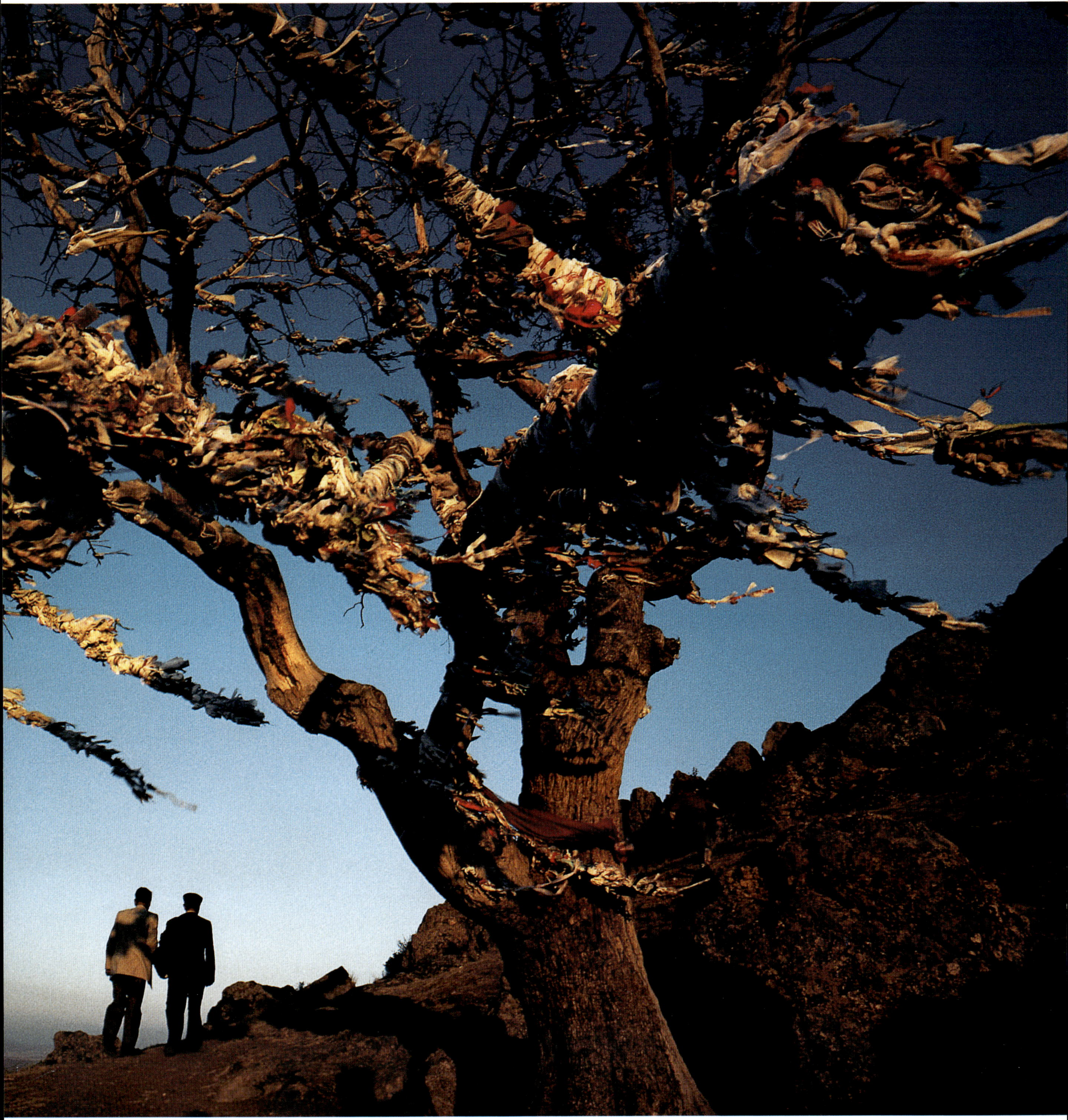

ANATOLIE *La musique de Kudsi*

des disciples, le lieu où l'on voit les esprits qui s'engendrent et s'enflamment », notait Barrès dans les années 1910.

Pour rejoindre Konya, le voyageur emprunte la route d'Afyon, qui signifie « opium » en ottoman. Aux abords de cette ville, les trafiquants pendant des lustres ont planté du pavot pour produire l'opiacé. L'opium n'est plus aujourd'hui que médicinal dans la contrée, mais ailleurs, sur la route de la Soie, la pâte brune et son dérivé, l'héroïne, ont bien souvent remplacé les soieries et tissus précieux. À Konya, l'ancienne *Iconium* des Romains qui compte désormais un million d'âmes, point de drogue, point d'alcool, du moins en façade. Le ramadan y est observé là plus qu'ailleurs. Comment cohabitent la tradition de Rûmî vénérée dans le monde entier à partir de son *tekké* et les rigueurs de l'islam fondamentaliste ? Étonnant mélange. Les nouveaux marchands de la route de la Soie ont inventé ou réinventé une modernité, le capitalisme vert.

Tahir Akyürek, le maire de la ville, un ancien avocat qui dirigea longtemps le parti fondamentaliste Fazilet – « Vertu » – dans la province, estime que Konya est même la ville pionnière en matière de « conservatisme avancé », lequel repose sur l'apparition des « Tigres » d'Anatolie, une génération d'entrepreneurs proches de l'islam radical. Ces capitalistes tendance charia investissent les fonds provenant des conservateurs religieux, notamment des travailleurs turcs à l'étranger. « Grâce à de telles holdings, Konya prend le chemin de Taiwan ! » lance le maire. Le plus beau fleuron de ce capital vert est sans nul doute Kombassan, firme aux 40 000 actionnaires, dont la tour de verre trône en plein centre-ville. Même les banques sont islamiques : pas d'intérêt, de manière à satisfaire une clientèle conservatrice, mais de pudiques « partages de bénéfices », comme à la banque Asya Finans, qui connaît un beau succès depuis le début des années 2000.

À Urfa, aux confins de l'Anatolie, lieu de naissance d'Abraham, on raconte que le patriarche des trois religions, prônant le monothéisme, fut jeté dans une fournaise par le roi Nemrod. Mais Dieu, dit-on encore, transforma la cendre incandescente en eau et les bûches enflammées, en poissons. Depuis, le bassin de la ville est un lieu de pèlerinage et les poissons y coulent des jours heureux.

Curieuse coexistence avec les fidèles de Rûmî... Devant le vieux couvent, Kudsi Erguner a sorti sa flûte tandis qu'un Afghan conte les poèmes du maître soufi. Plus qu'une synchronisation entre le bien et le mal, souvent caricaturé comme tel par l'Occident, le soufisme pour Kudsi représente une harmonie entre le corps et l'esprit. Dans maintes contrées du monde, ses confréries ont entrepris de stabiliser l'islam, de contrer les menées des fanatiques, en Algérie, en Égypte, au Nigeria, en Afghanistan, au Pakistan. Un travail en sous-main que permet le réseau des fidèles, réunis pour la dansc lors du *sâma*, la cérémonie des derviches. Ainsi, dans l'Empire ottoman, les derviches tourneurs bénéficiaient d'une grande influence.

Konya va devenir au fil des siècles une étape essentielle de la route de la Soie. Mieux, elle symbolisera cette matrice d'échanges de biens et d'idées, non seulement par le soufisme et les paroles de Rûmî mais par une certaine pratique de l'autre. Une symbiose artistique s'opère dans la contrée, entre l'ascétisme seldjoukide, l'œcuménisme mongol et les canons turcs. À la suite de Rûmî, le respect des minorités s'impose. Les Mongols qui déboulent dans la steppe favorisent le christianisme puis l'islam, qui devient au fil des décennies leur religion.

Konya se réinvente sans cesse. Ici, l'ascétisme mystique des disciples de Mevlana Rûmî et les principes d'un islam conservateur cohabitent sans peine. Telle est sans doute la résultante de l'interdiction de l'ordre des derviches en 1925 par Kemal Atatürk, qui désirait laïciser le pays entier. Les fidèles de Rûmî ont continué leur culte mais dans la clandestinité, pendant un demi-siècle. Longtemps derviches et militants d'un ordre fondamentaliste ont donc œuvré dans l'ombre. Leur point commun les a rapprochés. C'est ainsi que des maîtres du mouvement des derviches crient leur dégoût du régime, tel Kudsi Erguner, qui vilipende les militaires dogmatiques à ses yeux et ironise sur ce qu'est devenu le mouvement des derviches : une entreprise folklorique, qui permet à l'État turc de se glorifier de tolérance en réunissant des danseurs amateurs dans une salle de sport une fois par an.

La route de la Soie est ainsi : polymorphe. Les Chinois la revendiquent et désirent l'inscrire au patrimoine mondial de l'Unesco. Les États-Unis en récupèrent l'idée pour baptiser un réseau de connexions entre les universités d'Asie centrale. Les islamistes turcs, eux, veulent baliser la voie d'un panturquisme qui serait d'abord panislamiste. La route de la Soie est pavée des intentions les plus dignes et les plus dogmatiques.

Les soufis ont plutôt choisi de se confondre avec Dieu. Le *sâma*, la danse extatique, s'adresse en ce sens à tout l'univers, sous l'égide du maître et du défunt Rûmî, vers lequel convergent le temporel et l'intemporel. Leurs cérémonies tempèrent encore les velléités autoritaires, tant la tradition du raïs d'Orient, du potentat des steppes, commence ici, en Anatolie.

De Kaykobad Ier, le glorieux prince des Seldjoukides, et Soliman le Magnifique à Mustafa Kemal Atatürk, le culte du sultan demeure. Le premier coupe des têtes pour asseoir un empire, au XIIIe siècle, au temps de Rûmî. Le second, au XVIe siècle, se lance à la conquête de l'Occident par désir de gloire. Le troisième occit ses ennemis pour laïciser de force la Turquie moderne, en 1923. La puissance des trois lascars naît d'un mélange de terreur et de lumière. S'invente ainsi peu à peu un despotisme éclairé du monde musulman. Le chef a tous les droits. Au nom de la République, Atatürk a repris les mêmes dispositions d'esprit que Kaykobad Ier.

Les nouveaux caravansérails

La route qui part de Konya vers l'est recèle de nombreux caravansérails. Ils sont distants de quarante kilomètres, ce qui correspondait aux temps anciens de la route de la Soie à une journée de marche pour les caravaniers. À la tombée du jour, les lourdes portes se refermaient sur les voyageurs et leurs montures, protégés des bandits et des coupe-jarrets peuplant les steppes et les vallées.

À la sortie de Konya, c'est un nouveau caravansérail qui accueille les jeunes de la ville : l'immense campus de la faculté qui compte 76 000 étudiants, une mosquée, des boutiques, dont une de lingerie fine, des restaurants, une salle de cinéma. L'université de Konya a pour réputation de cultiver la mémoire des batailles. Ici, les jeunes filles refusent d'enlever leur voile, contrairement à la loi kémaliste. Pour tromper les vigiles, elles revêtent une perruque à quarante euros pour cacher le voile, comme Müzeyyen Elcinci, ravissante étudiante de 22 ans en quatrième année de biologie. « Suprême hypocrisie », tonne un professeur adepte de l'ordre républicain. Personne n'est dupe, les gardes ferment les yeux et les enseignants aussi.

ANATOLIE *Les nouveaux caravansérails*

La sécurité des caravanes chargées de trésors qui empruntaient la route de la Soie était l'une des principales préoccupations des souverains, qui asseyaient leur autorité en construisant d'imposantes et imprenables bâtisses. La forteresse de Van, qui domine le lac créé par une éruption volcanique, fut maintes fois renforcée et détruite au fil des siècles.

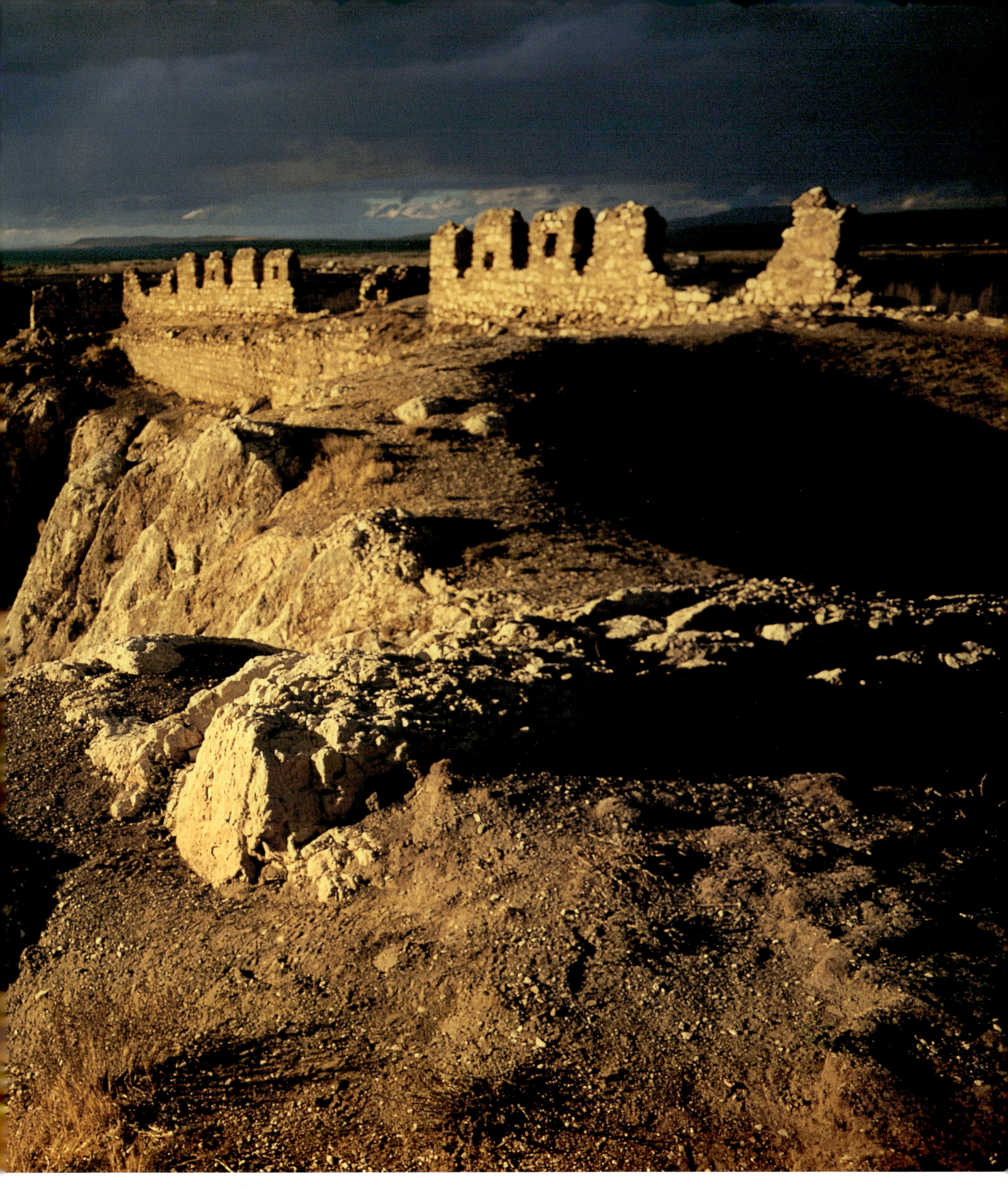

ANATOLIE *Les nouveaux caravansérails*

À l'est de l'Anatolie, à Nemrud Dagh, en haut d'une montagne, une petite colline a été érigée. En son sommet, d'immenses colosses venus d'un autre temps semblent veiller. Le roi Antiochos Ier, de père persan et de mère grecque, imagina un courant religieux qui vénérerait les deux cultures. Non loin de la frontière de ces deux mondes, on trouve sur sa tombe supposée des statues de dieux de la mythologie hellénique et persane.

Plus loin, sur la route d'Anatolie, on découvre un vieux caravansérail, celui de Sultanhani, qui jouxte le lac Salé. C'est l'un des fleurons de la litanie de forteresses semées par les sultans sur la route de la Soie, bâti par Kaykobad Ier à partir de 1229. Le même sultan invite Bahâ al-Dîn Valad, le père de Rûmî, éminent théologien, à venir s'installer dans son fief. Valad enseigne alors la théologie dans une madrasa, une école musulmane. Lorsque le caravansérail de Sultanhani est achevé, Rûmî succède à son père. A-t-il connu cette bâtisse aux murs épais et aux lignes élégantes ? S'est-il couché sur les matelas des chambres aux portiques hauts, où les caravaniers se reposaient non loin de leurs bêtes ? Dans les ruines de Sultanhani s'enchevêtrent des magasins, un hammam, des salles diverses, un four, disposés autour d'une cour centrée sur une mosquée. Farouches conquérants, les Seldjoukides veillaient aussi à l'ordre. Les beautés des bastions semés sur leur portion de la route de la Soie témoignent de leur volonté d'en contrôler l'issue, par les soldats du sultan mais aussi par l'empreinte esthétique des architectes du maître.

Les sultans ne sont pas les seuls, avant et après le règne de Kaykobad Ier, à ordonner la construction de ces hôtelleries. Riches marchands, vizirs, maîtres des confréries rivalisent pour faire surgir de la terre des steppes quelques relais sur la route des caravanes, tant ils en comprennent l'enjeu. Lorsque les Ottomans s'emparent de l'Asie Mineure, les gîtes d'étapes deviennent étrangement plus austères. Les portails et les arches-*iwan* sont moins riches, les architectes ne s'embarrassent guère d'arabesques et de fantaisies. Magnificences dans les villes, et à Istanbul d'abord, sévérité sur les pistes. Dans les cours des *han* (caravansérails), les marchands conversent, fréquentent le patio l'été, s'attardent l'hiver dans les salles plus ou moins chauffées. Les bêtes parfois leur tiennent chaud, la compagnie des hommes également. Les contes, les récits du voyage mais aussi les mythes sont ainsi colportés de caravansérail en caravansérail, et parfois jusqu'en Chine. Tueries et brigandages entretiennent les conversations. On devise aussi sur le sort du monde, sur le partage des empires. On s'occit dehors et dedans on palabre. L'hospitalité est une valeur érigée au rang de vertu. Celui qui franchit le portail d'un *han* est un ami, du moins pour l'heure, pour la nuit, pour la halte, et cela ne dispense aucunement d'en être l'ennemi le lendemain sur la route. Précepte que l'on retrouve encore aujourd'hui sur les ramifications de cette matrice entre Orient et Occident : « Je te respecte, tu es mon ami et demain je te rends à poussière. » Se tisse au fil des décennies, au fil des siècles, une incroyable toile de liens. Les mythes du Caucase, chers à Dumézil, pénètrent l'Orient. *Le Devisement du monde* de Messer Marco Polo parvient aux oreilles des khans de l'Asie lointaine, qui répond en écho au livre magique *Hezar Afsane* (*Mille Contes* en persan), lequel deviendra en arabe *Les Mille et Une Nuits*. Le récit reprend la dynamique de l'oralité sur la route de la Soie, mêle des contes du cru, emprunte des histoires et légendes au fil des étapes. La route de la Soie, qui a permis à l'Occident de découvrir le papier en provenance de l'empire du Milieu, est non seulement la route de l'écrit, elle est aussi celle du verbe.

Et le verbe s'accommode des hôtes rencontrés en chemin ou en prison. Jusqu'au compagnon Rusticello de Pise, dont on ne connaît le rôle exact, mentor, nègre, accoucheur de talent, camarade de geôle génoise. Grâce au sieur Rusticello, le prisonnier Marco Polo oublie la vermine et l'amertume, rédige ses Mémoires, glisse ses impressions, conte les paysages qu'il a vus, explique la cruauté des hommes, leur sens du négoce aussi, après un quart de siècle de galères et de bonheurs sur la route de la Soie, en compagnie de son père Niccolo et de l'oncle Matteo. À son retour, en 1295, Venise méprise le voyageur fatigué. Cependant la Sérénissime peu à peu crée un mythe autour de l'embastillé de Gênes. La gloire du marchand permet à Venise non seulement de s'enorgueillir de la présence d'un découvreur de mondes mais aussi de s'affirmer par cet Orient lointain, mieux, de se *borner*. En brûlant Constantinople, en envoyant des ambassades chez Kûbilaï Khan, la république de la lagune s'invente un horizon mythique, un miroir définissant. L'Orient proche est craint, le lointain est courtisé. Les doges se

ANATOLIE *Les nouveaux caravansérails*

projettent dans ce décor du bout du monde, un décor plat puisque la terre est considérée comme sans limites ou presque. Le voyageur Marco a pour horizon de retour un mur de cellule. Bon prince, il donne à sa république des contours planétaires.

Ce désir de conquête affective, cette envie de dialogue se retrouvent dans les ruines des caravansérails d'Anatolie et de Perse. Peu à peu, les architectes, les mécènes, les maîtres des fondations musulmanes et ordres de charité vont conjuguer leurs efforts ou rivaliser dans leurs ambitions esthétiques. La pourpre de Byzance se mélange au bleu des Ottomans. D'un côté, la pourpre insolente, la nuance des empires de gloire qui entendent régner sur l'univers temporel et spirituel, de l'autre l'azur qui vient de Chine, couleur de fascination pour les Ottomans, les Maures, les chroniqueurs de l'Espagne musulmane, les poètes amoureux des *ghazals* persans. Le bleu, selon Goethe, est un « néant attirant ». García Lorca s'extasie devant « l'aumône bleue de ce ciel moribond ». Victor Hugo, affairé

ANATOLIE *Les nouveaux caravansérails*

à écrire *Les Orientales*, succombe lui aussi au bleu des confins : « Rien n'est charmant comme le reflet colorant du bonheur sur le grenier. Nous avons tous ainsi dans notre passé un galetas bleu. » De Tamerlan aux princes moghols, des shahs persans aux sultans ottomans, par-delà les guerres, les vassalités, les pactes d'amour puis de sang, les caravansérails et les mosquées vont cristalliser cette entente syncrétique. Mehmet II en s'emparant de Constantinople a repris les canons de l'esthétique byzantine. Sainte-Sophie devient certes une mosquée, mais elle n'est pas détruite. Mieux, elle sert d'exemple aux architectes de l'empire, et d'abord à Sinan. Les mosquées Sehzade et Süleymaniye sur les rives du Bosphore s'inspirent des formes et courbes byzantines. L'élégance des coupoles renforce la puissance des murs, les portiques éclairent davantage le pari des bâtisseurs. Les despotes de la route de la Soie s'avèrent architectes éclairés, au sens où les rayons du soleil doivent aussi pénétrer la foi, l'art et le cœur des hommes.

Depuis les temps néolithiques, les grottes ont toujours été le refuge de l'homme. La route de la Soie est parsemée de ces cavernes creusées dans la roche, qui abritent des habitations ou qui sont des lieux de pèlerinage. Dans le village d'Hasankeyf, en haut d'une colline, le sanctuaire « d'Aslan Baba » a pour réputation de guérir les malades. Halte d'un jour pour une famille et finalité pour cette femme qui, péniblement, avec son mari malade, gravit le chemin accidenté.

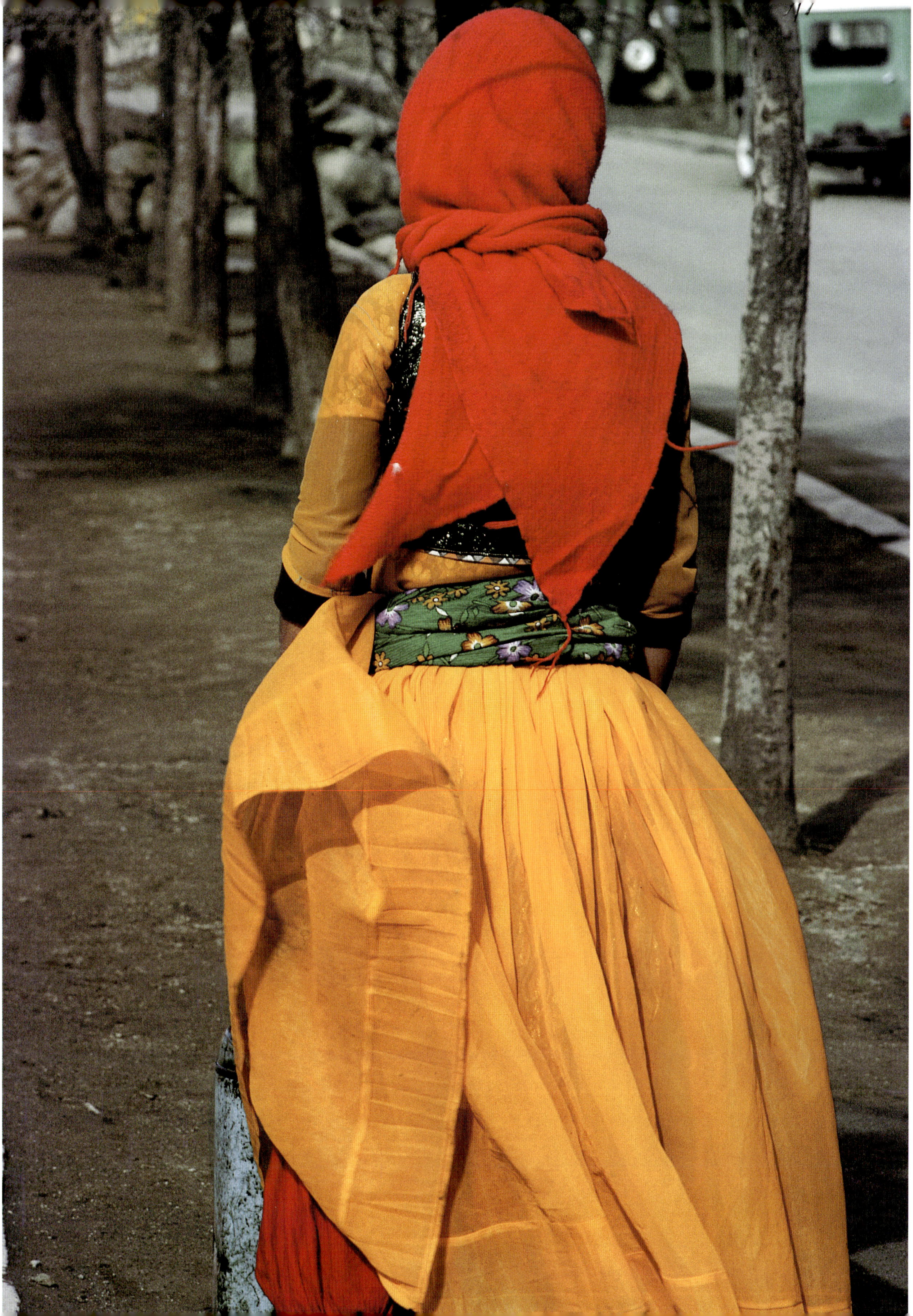

PERSE

Mythes sans frontières

Le mythe de la route de la Soie s'est créé sur une ambivalence. À son retour à Venise en 1295, après vingt-cinq ans d'absence, Marco Polo clame que les frontières sont ouvertes aux voyageurs. Elles se révèlent en fait peu propices au passage. Les gabelous, les gardes, les armées, les brigands entravent le périple des caravaniers. Il n'empêche ! Les marchands viennent rendre visite au Messer Marco, à son père Niccolo et à l'oncle Matteo. Intarissable, Marco évoque les rivières de diamants, montre des pierres précieuses offertes par Kübilaï Khan, revêt des étoffes et soieries, assez pour impressionner les notables de Venise. Il donne même des conseils à qui voudrait entreprendre un voyage sur cette sente, vers cet Orient déjà compliqué. Mais c'est surtout son livre, *Le Devisement du monde*, qui engendre le mythe, repousse les frontières mentales de la vieille Europe, découvrant plus ancienne civilisation que la sienne.

Venise est alors en guerre. Gênes, un an plus tôt, en 1294, a remporté la guerre contre sa rivale. Les comptoirs de la mer Noire vacillent, passent de l'autre bord. On ferraille sur des galères jusque dans le golfe d'Iskenderum. Le vieux monde est émietté. Il s'évertue à exister en regardant l'autre monde. Or à cette période commence précisément à circuler l'œuvre de Rûmî. Depuis Konya, sur les plateaux d'Anatolie, la nouvelle de la disparition du maître s'est étendue à tout l'Orient, a franchi les montagnes et les déserts, atteint la cour du shah de Perse, plongé dans la tristesse maints gouverneurs et satrapes des steppes. L'Orient est en ébullition lui aussi. L'un de ses tribuns a disparu sans laisser d'adresse, ou si peu. Les disciples vont peu à peu reprendre les chants d'amour de Jalâl al-Dîn Rûmî. À la fin du XIIIe siècle des chrétiens, la verve du poète redessine d'autres frontières, ouvre les esprits, crée des communautés de liens.

La route de la Soie aujourd'hui procède d'une matrice identique. D'Istanbul aux confins de la Chine, le voyageur constate les mêmes déboires qu'au temps de Marco Polo. Les bandits, corrompus des palais et malandrins des limes, officient toujours, du moins leurs lointains descendants. Pour franchir la frontière entre la Turquie et l'Iran, à Bazargan, il faut monnayer auprès de curieux intermédiaires iraniens. L'un d'entre eux, Ali, joue au football pour passer le temps et rêve de serrer la pince de Zidane. Il demande une liasse de billets de dix dollars pour lui, plus quelques centaines pour les mollahs et officiers enturbannés qui rêvassent dans le bureau voisin à néons et dont le passe-temps favori, entre deux prières, semble demeurer le comptage des billets.

Le bourg frontalier qui marque la frontière entre la Turquie et l'Iran est un monde étrange à la lisière des empires où se mélangent les dogmes de l'islam, rappelés par des fonctionnaires religieux, et l'art de la combine. Étonnamment, le préposé frontalier Hasan me demande une fortune en dollars américains, au prétexte que mon voyage en Iran va contribuer à abîmer l'asphalte des routes. La République islamique d'Iran serait-elle en mal de goudron ? « Il faut bien vivre », commente le plus sérieusement du monde l'un des intermédiaires, le joueur de football qui rêve de rencontrer Zidane, si possible à Paris, ce qui nécessite un visa, un bon pactole et le racket au préalable de plusieurs centaines de routiers ou de voyageurs un peu perdus comme moi dans ces confins si compliqués.

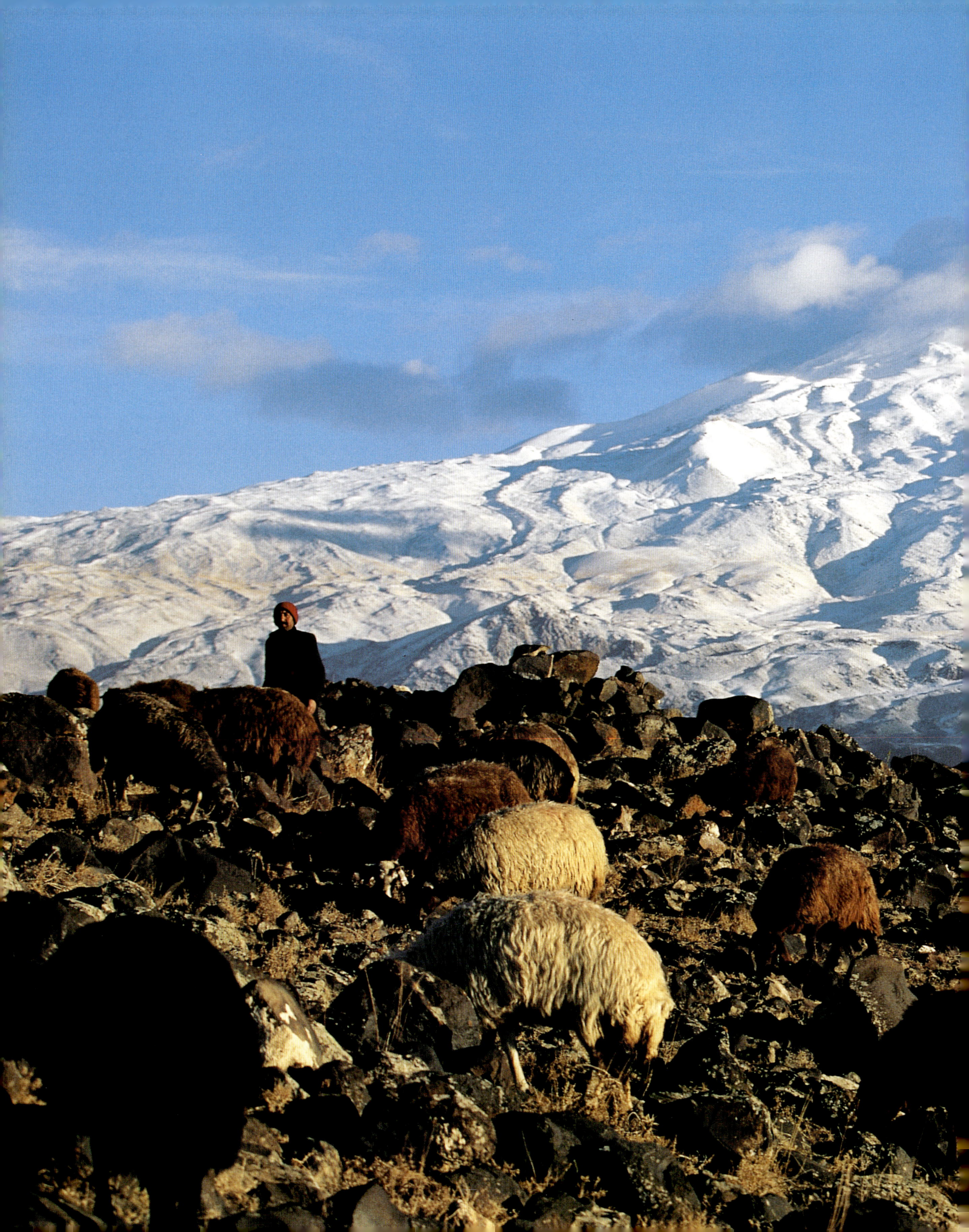

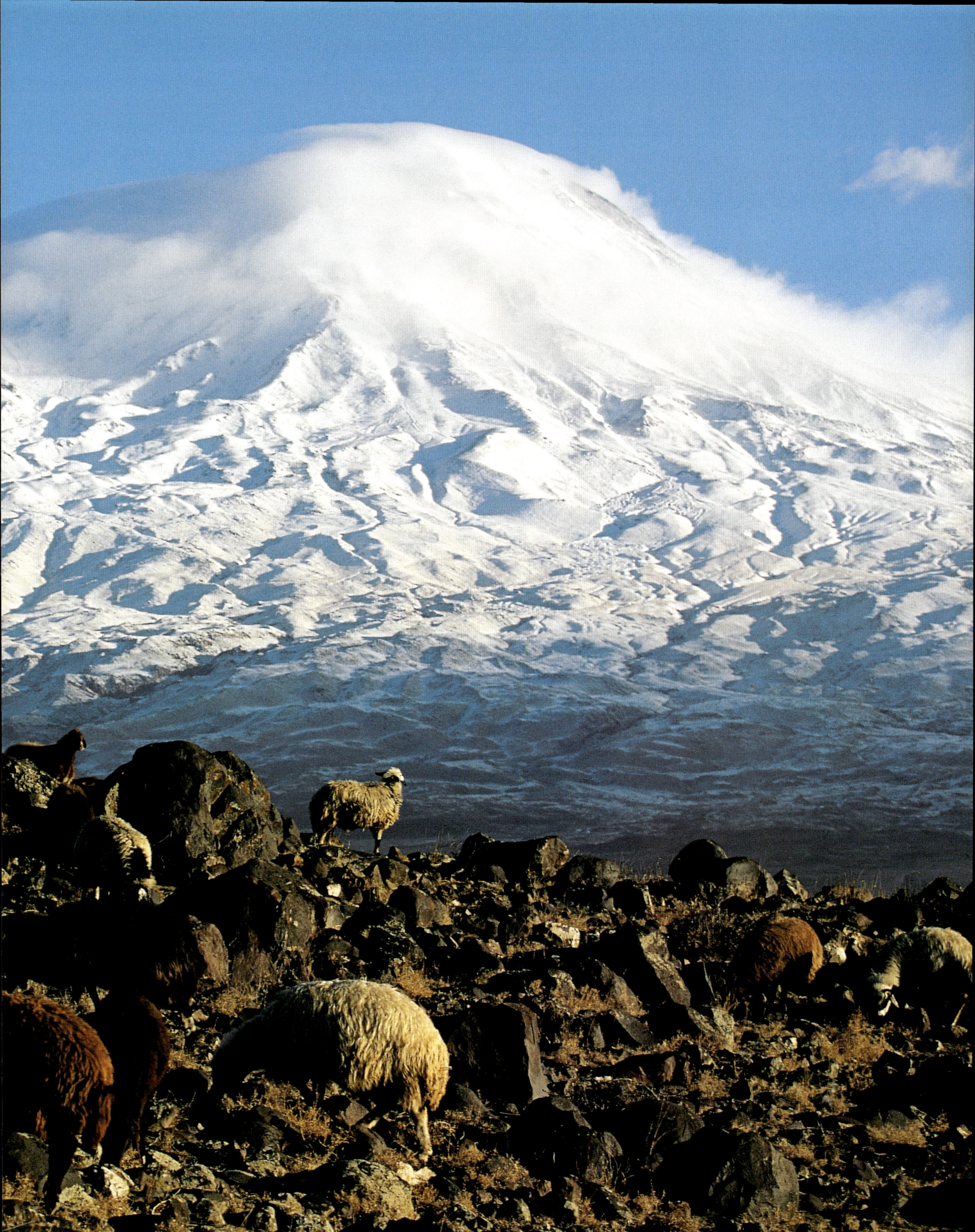

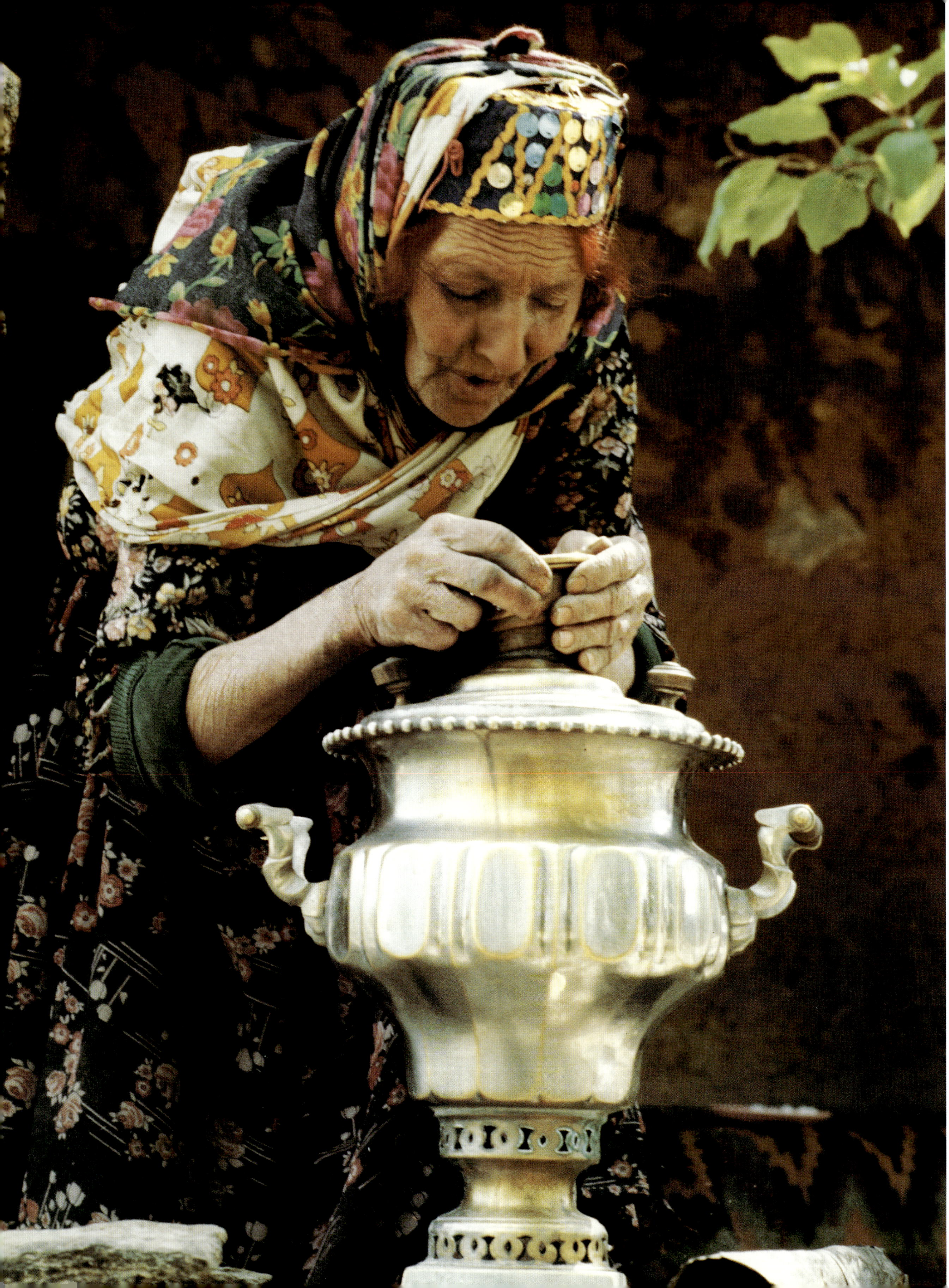

PERSE *Mythes sans frontières*

Au petit matin, chez les Kurdes, les femmes ravivent les braises endormies pendant la nuit pour chauffer l'eau du thé dans le samovar. Les Turkmènes, comme nombre de peuples de cette région, rassemblent toute la fratrie pour des événements marquants, comme la naissance, le mariage ou la mort.

Double page précédente
À la porte de la Perse, le mont Ararat domine le carrefour des anciens empires. Dans son périple, le voyageur découvre une vie rurale rythmée par les saisons. Les Kurdes à l'ouest, bergers et paysans, vivent dans des villages en terre. À l'est de la Perse, aux confins du Turkestan oriental, les tribus turques, les Turkmènes, sont des nomades perpétuels.

Il suffit ensuite d'attendre longtemps, de palabrer trente-six heures durant, de se lancer dans le même psychodrame que les mollahs maîtres de l'endroit, de boire beaucoup de thé, de feindre le désespoir, de célébrer l'amitié entre les peuples de la route de la Soie et au-delà, pour parvenir finalement à rabaisser le montant du pot-de-vin officiel à un niveau vingt fois moindre.

Bazargan est un curieux bourg frontalier, un no man's land serait-on tenté d'écrire, cinq kilomètres de bureaux divers, douanes, polices, en pleine montagne. Les Turcs sont stricts. « Nous empêchons les contrebandiers de passer ! » tonne le colonel de police qui garde la frontière avant Bazargan. Il a arrêté le matin même un passeur, nanti d'un passeport européen tout neuf, un faux bien sûr. L'ennui pour le colonel, c'est que les passeurs sévissent à quelques kilomètres, en pleine montagne. Certains bakchichent à tire-larigot, d'autres rusent avec les gardes-frontières. Leurs caravanes ne transportent pas de la soie, mais des hommes, des clandestins, Irakiens, Iraniens, Pakistanais, rêveurs de frontières, candidats à une autre vie en Europe après avoir payé plusieurs milliers d'euros. Les passeurs souvent abandonnent leur bétail humain. Ce sont de nouveaux négriers. Les gabelous d'Orient ferment les yeux pour mieux tendre la main.

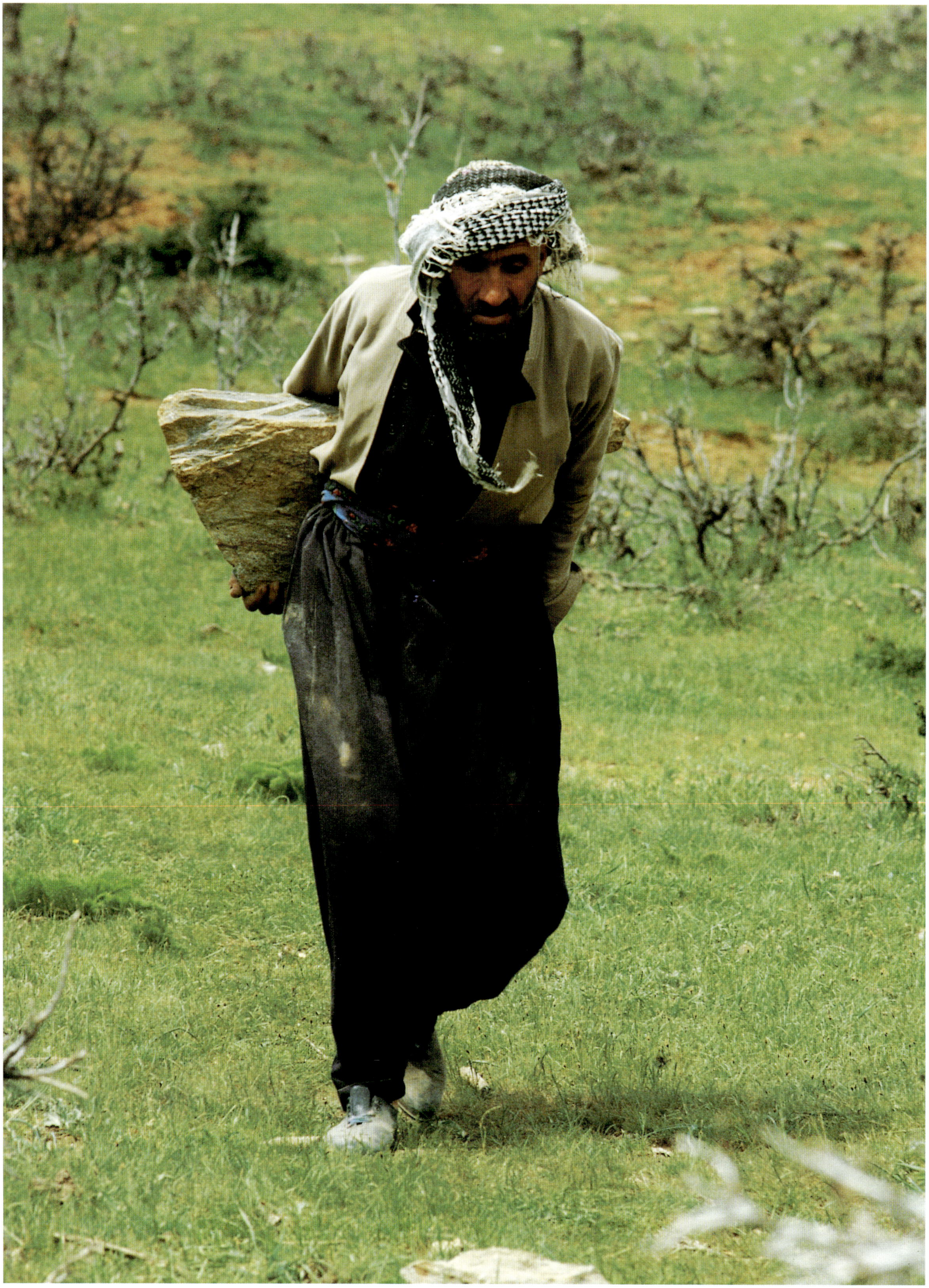

*On connaît de la Perse ancestrale la finesse
des miniatures, la profonde pensée de
ses mystiques, le courage de ses soldats
conquérants, la subtilité de sa musique,
la beauté de ses femmes. Sur la route de la Soie,
entre l'Empire ottoman et la Perse d'antan,
chez les Kurdes d'aujourd'hui, le voyageur
traverse, avant d'atteindre les cités et leurs
lumières, des paysages beaux et rudes, que
les hommes tentent de dompter pour survivre.*

PERSE *Mythes sans frontières*

Ci-dessus

Au passant d'un jour, les peuples de la route de la Soie font un accueil royal. Est hôte celui qui franchit le seuil de la maison et devient, alors, l'égal du maître de céans. La musique de percussions et de flûtes, que l'on entend de loin, est l'annonce d'un mariage kurde.

À droite

L'heure est au recueillement, aux litanies chantées des femmes, aux silences chargés de tristesse et de regret, au repas partagé pour tous ceux qui sont venus commémorer la mort d'un Turkmène.

« Nous gardons les portes de l'Occident », se ressaisit le colonel turc dans son bureau, comme s'il avait appris une récitation. Pour les Turcs, cette frontière-là est celle des voisins européens. Le vrai Orient commencerait-il ici, dans ce poste-frontière battu par les vents, fouetté par la neige l'hiver ? Les nouveaux marchands de la route de la Soie sont sans vergogne. En plus des esclaves, ils vendent aussi de la drogue, de l'héroïne par kilos qui franchit les frontières dans des camions, sur des ânes, au fond de voitures brinquebalantes. À Bazargan, dans le no man's land où se cultive le goût de la corruption, un policier iranien montre un petit musée improvisé : les caches photographiées des passeurs de drogue. L'imagination de ces mules semble sans fin : non seulement dans les roues de secours et autres planques classiques, mais aussi au fond des cloches d'embrayage, dans les radiateurs, dans les essieux. Le moindre espace paraît bon pour acheminer la poudre. Le trafic contrairement à la nature adore le vide, quitte à produire de la déroute. En Iran, la rue souffle souvent que les premiers trafiquants sont des dignitaires du régime.

La route de la Soie égrène donc ses frontières tangibles et mentales. Les guerres, les indépendances des républiques caucasiennes ont accru le nombre de murailles. Au nord de Bazargan, le Caucase semble prêt à imploser à chaque instant, de l'Abkhazie à la Tchétchénie, de l'Azerbaïdjan à l'Ossétie du Sud. Le pétrole, il est vrai, s'est ajouté aux marchandises de l'antique route. Peu à peu, l'or noir est devenu un enjeu, un instrument de rivalité ou d'entente entre pays. Le no man's land de Bazargan est l'antichambre de ces nouvelles alliances. Les chauffeurs routiers transportent des pièces détachées, parfois de l'or noir à destination du Kurdistan, cet ensemble flou qui couvre une partie de la Turquie, le nord de l'Irak, l'ouest de l'Iran, un bout de la Syrie. Ils vous parlent de ces limites à la fois hostiles et faciles à franchir, pour peu que l'on dispose des bonnes connexions et d'une besace lourde en dollars. Par cette frontière, les vieux empires s'allient et se défient. D'un côté, la Turquie héritière de l'Empire ottoman ; de l'autre, l'Empire perse, au seuil de l'accession à la propriété nucléaire ; au nord, l'Empire russe, replié sur son « étranger proche » et qui intrigue pour consolider ses assises, comme si la nation de Poutine, amputée de ses républiques d'Asie centrale et de ses joyaux caucasiens, Géorgie, Arménie, Azerbaïdjan, désirait trouver une force nouvelle dans ce rétrécissement.

CASPIENNE

BAKOU
Le naphte et le feu

Bakou est une étrange ville qui repose sur la Caspienne et mélange ses maisons anciennes à de gigantesques antennes d'acier, des derricks qui grattent le ciel. Voici un siècle, Bakou était la capitale de l'or noir. Les princes russes déambulaient sur ses promenades côtières, les vieilles héritières y prenaient le thé avec des airs de dames patronnesses et les magnats du pétrole s'enrichissaient d'heure en heure. Aujourd'hui, on croise toujours des fortunes du pétrole dans les rues et les boîtes de nuit de la capitale de l'Azerbaïdjan. Les intermédiaires s'avèrent cependant un peu plus nombreux qu'autrefois. Pour maints agents d'influence, l'aventure est là, sur les bords de cette mer intérieure tant convoitée. Américains, Britanniques, Japonais, Saoudiens, Turcs s'y bousculent. Dans les années 1990, les compagnies pétrolières ont construit des plates-formes à tour de bras dans la Caspienne, avant de déchanter face à des réserves moins importantes que prévu. Les royalties en perpective attirent de nouveaux aventuriers. Affranchi de la tutelle soviétique, l'Azerbaïdjan prétend être le nouveau Koweït. La mafia y est omniprésente, jusqu'aux cercles les plus intimes du pouvoir, et lorgne de l'autre côté de la Caspienne, avec des affaires incroyables au Turkménistan, pays où l'ancien président se prenait pour un nouveau Tamerlan, promettant le paradis à qui lirait ses œuvres, exercice qui exige, avouons-le, vu l'épaisseur du volume et l'âpreté des textes, une forte dose de courage et un certain penchant pour l'abnégation. Le Kazakhstan lui aussi offre des fortunes à qui l'aidera à explorer ses hydrocarbures. La route de la Soie distille au fil des étapes ses nouvelles richesses, hier des étoffes et des pierres précieuses, aujourd'hui de l'or noir.

Ce pétrole qui colle aux chausses des voyageurs dans les rues de Bakou, qui surgit au détour des terrains vagues et dans les faubourgs de la péninsule d'Apchéron, aperçu déjà par Marco Polo lors de son long périple, ce pétrole a créé des liens d'une nature fidèle à la route de la Soie, pour le meilleur et pour le pire. Au cours des siècles passés, les Mongols, les Seldjoukides, les Perses guerroyaient et intriguaient dans les palais des rivaux ou des ennemis. La fameuse pile de crânes entassés par les sbires de Tamerlan rappelait aux outrecuidants combien il en coûtait de s'opposer à la férule du maître des steppes. Désormais, les intrigues foisonnent là où surgit l'or noir. On bataille pour d'autres enjeux, quantifiables en barils (25 à 35 milliards pour la seule mer Caspienne !). La guerre en Tchétchénie se justifie aussi côté russe pour le pétrole qui abonde dans la république en rébellion. Le pipe-line qui relie l'Asie centrale au port de Ceyhan en Turquie a fait l'objet de surenchères incroyables, les États-Unis usant de toute leur influence pour contourner l'Iran. D'un côté, les États-Unis, la Turquie et l'Azerbaïdjan. Les trois pays s'entendent pour commercer ensemble et négocient le sort du pétrole d'Asie centrale. L'autre axe est composé de l'Iran, de l'Arménie et de la Russie.

La route de la Soie est donc celle des empires, en amitié ou en bisbilles. Une double tentation la saisit sans cesse, celle du dialogue et celle de la haine. « Retourne vers ta source », clamait Rûmî sur cette même route. Le poète avait trouvé une belle réponse à ce questionnement : « Alors le cœur s'enfuit de tous côtés, loin du monde des couleurs et des parfums, en criant : "Où donc est la source ?" et en déchirant ses vêtements par amour. »

La réponse des empires a toujours contré celle du poète, même si

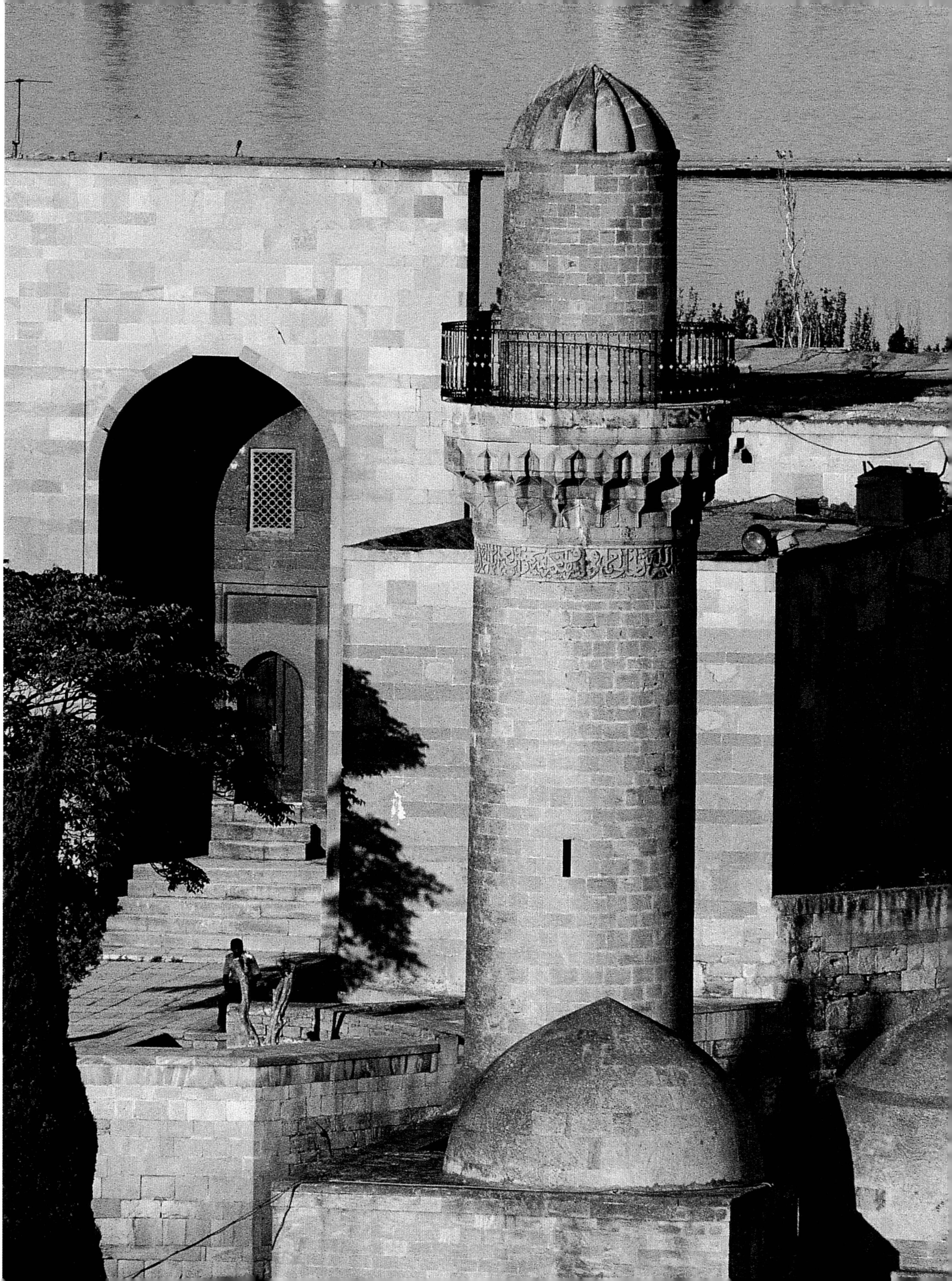

CASPIENNE *Le naphte et le feu*

Page précédente et ci-dessus

*Au bord de la mer Caspienne, alors que le fier Caucase s'annonce, le rouge et le noir ont régi le siècle dernier. La subtile Bakou, capitale de l'Azerbaïdjan actuel, repose sur un lit d'or noir, le pétrole, objet de bien des convoitises. Si l'Orient persan a laissé ses traces, Bakou garde les stigmates de l'Empire russe du tsar, devenu empire rouge, et ceux des Occidentaux qui firent fortune au rythme de la danse des dames de fer, puits de pétrole forant le sol pour en extraire le naphte.
La grenade, fruit emblématique de toute cette région, est un thème largement repris dans les tableaux des plus grands peintres d'Orient.*

À droite

*Village de Nardalan.
Le portrait est accroché sur le mur. Un portrait au crayon, au fusain peut-être. Ses traits sont lisses ; les années, les souffrances n'ont pas encore creusé les sillons du chemin parcouru. Sa moustache est petite et brune. Il arbore fièrement cette coiffe répandue chez les hommes du Caucase. Enfant, je ne lui ai jamais connu cette jeunesse. Ce portrait est celui de mon père, jeune voyageur en ex-URSS dans les années 1940. Quelque cinquantes années après, en reportage sur la mer Caspienne, j'ai foulé les chemins de mon père. J'avais atteint le village reculé de Nardalan. Je cherchais une retraite de quelques heures, quelques jours peut-être pour me ressourcer à cette atmosphère qui me rappelait mon enfance. Le soleil venait de se lever. Avant l'agitation de la vie, je déambulais dans les rues désertées, plongé dans mes rêveries solitaires. Le vieil homme était là, fier et doux, respectable et vulnérable. Après quelques mots échangés en azéri, il me dit avec émotion : « Tu es du Sud ? » Ma réponse affirmative déclencha sanglots et révélations: « Moi aussi, je suis du Sud. J'avais un an quand mes parents décidèrent d'aller rendre visite à des proches. La frontière fut fermée, et nous, retenus ici. Mon enfance fut bercée par le chagrin de mes parents qui n'ont jamais pu retrouver les leurs, laissés pour quelques jours, laissés pour toujours. »
Resurgirent, du fond d'une mémoire enfouie, des scènes de mon enfance à Tabriz. Je croyais entendre les chants mélancoliques de ma mère, qui évoquaient le chagrin de la séparation, et les explications historiques de mon père sur cet Azerbaïdjan partagé arbitrairement en deux, laissant, de chaque côté des rives de la rivière Araxe, des familles déchirées.
L'homme avait grandi, vieilli dans cet exil forcé.*

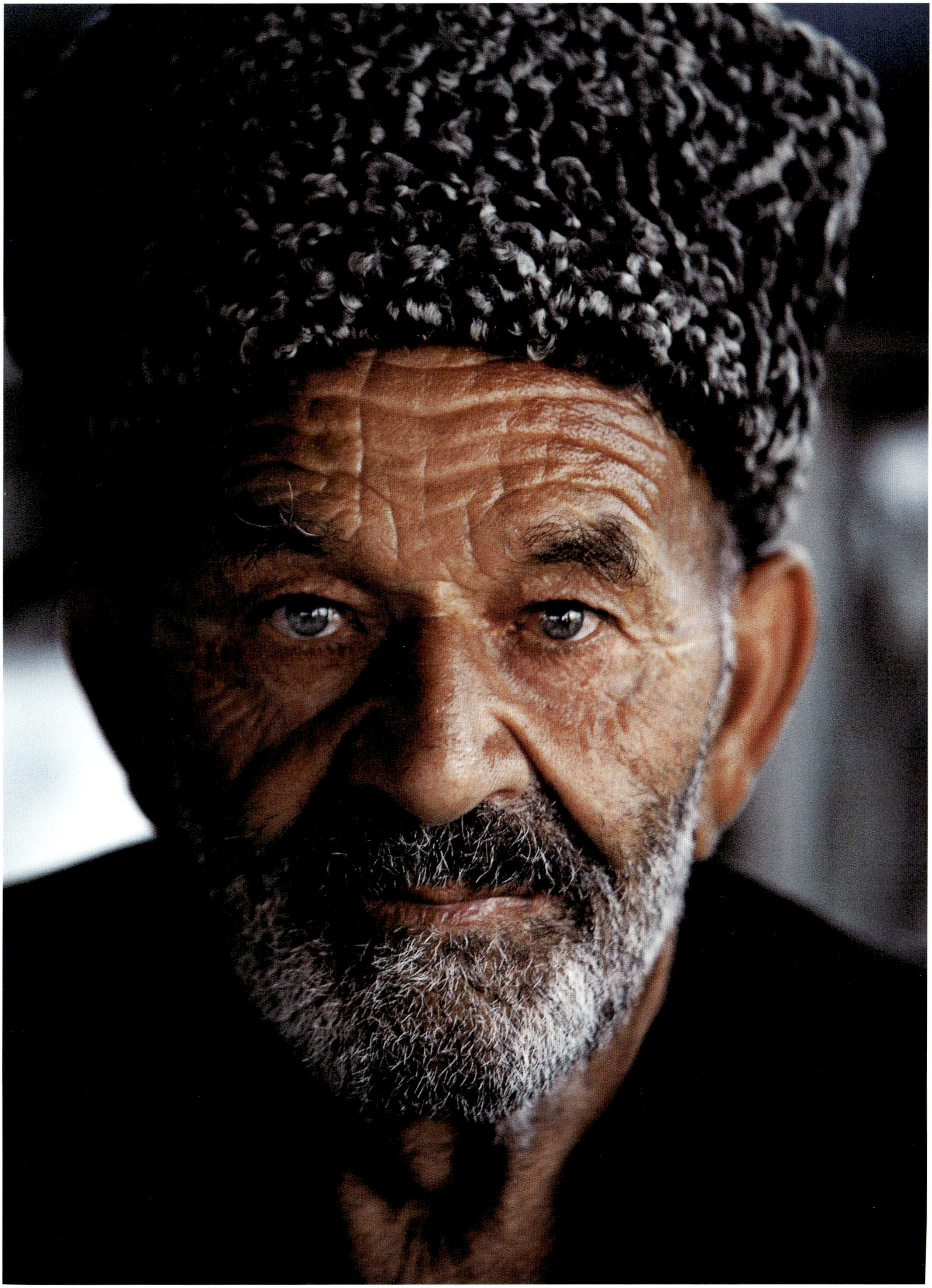

les princes et les shahs ont lu et digéré les pensées de fraternité. Aujourd'hui se réveille le « Grand Jeu » cher à Kipling, cette rivalité des empires russe et britannique au XIXe siècle qui se disputaient l'Asie centrale. L'enjeu est tout aussi important aujourd'hui : contrôler non pas des possessions coloniales ou des féodalités mais des pays amis, des contrées riches en pétrole, des routes stratégiques, dont celle de la Soie. La compagnie pétrolière américaine Unocal s'est ainsi rapprochée des talibans à la fin des années 1990 pour planifier la construction d'un gazoduc en Afghanistan. Washington avait adoubé le projet. Les attentats du 11 septembre en ont eu raison. De l'autre côté de la Caspienne, dans le Caucase, la Russie intrigue pour placer ses pions. On soutient l'insurrection des Arméniens de l'enclave du Haut-Karabagh, quitte à légitimer des déplacements de populations – les réfugiés azéris croupissent encore dans de sordides baraquements aux portes de Bakou. Idem dans la République de Géorgie, où Moscou attise le conflit avec les Abkhazes. Là encore les hydrocarbures demeurent une arme de choix : pour amener la Géorgie à résipiscence, le Kremlin menace périodiquement de fermer les robinets. Pour les confettis de l'empire, le pétrole est une soie noire qui ne se refuse pas.

À gauche

Le rouge des longs manteaux brodés et les couleurs omniprésentes des tapis de fabrication locale contrastent avec l'aridité de la steppe qui s'étend à perte de vue et le calme bleu de la mer Caspienne. Les marchés regorgent d'étoffes, châles et tapis aux dessins géométriques. Souvent, les hommes sont coiffés d'une toque en peau de mouton, blanche ou noire.

Devant l'étendue d'une plaine qui se perd dans l'immensité bleue de la mer Caspienne, aux confins de la petite ville de Chelikan, un groupe de folklore traditionnel répète les grandes scènes de la mythologie de la région.

Ce jeune garçon turkmène, en habit traditionnel sur sa monture, évoque l'image rêvée des cavaliers décrits dans les récits de voyageurs ayant emprunté la route de la Soie. Le cheval akhal-téké est un véritable emblème pour les Turkmènes, mieux : une légende, une identité culturelle. Compagnons de guerre de leurs maîtres, ces montures constituaient dans les siècles passés un atout dans les campagnes militaires. Le cheval akhal-téké a toujours fait l'admiration. « Cheval céleste » dans les légendes chinoises, « coursier surnaturel et divin » dans l'ancienne littérature d'Asie centrale, cet étalon fait l'objet de toutes les convoitises. De Cyrus, roi de Perse, à Alexandre le Grand, en passant par l'empereur de Chine Wudi (140-87 av. J.-C.), tous ont mené campagne pour capturer cette race supérieure de cheval.

À droite

Portrait d'une jeune Turkmène.

Pages suivantes

Dans la ville d'Ashghabat (« la cité de l'amour »), les femmes turkmènes montrent au passant leurs habits de fête.

59

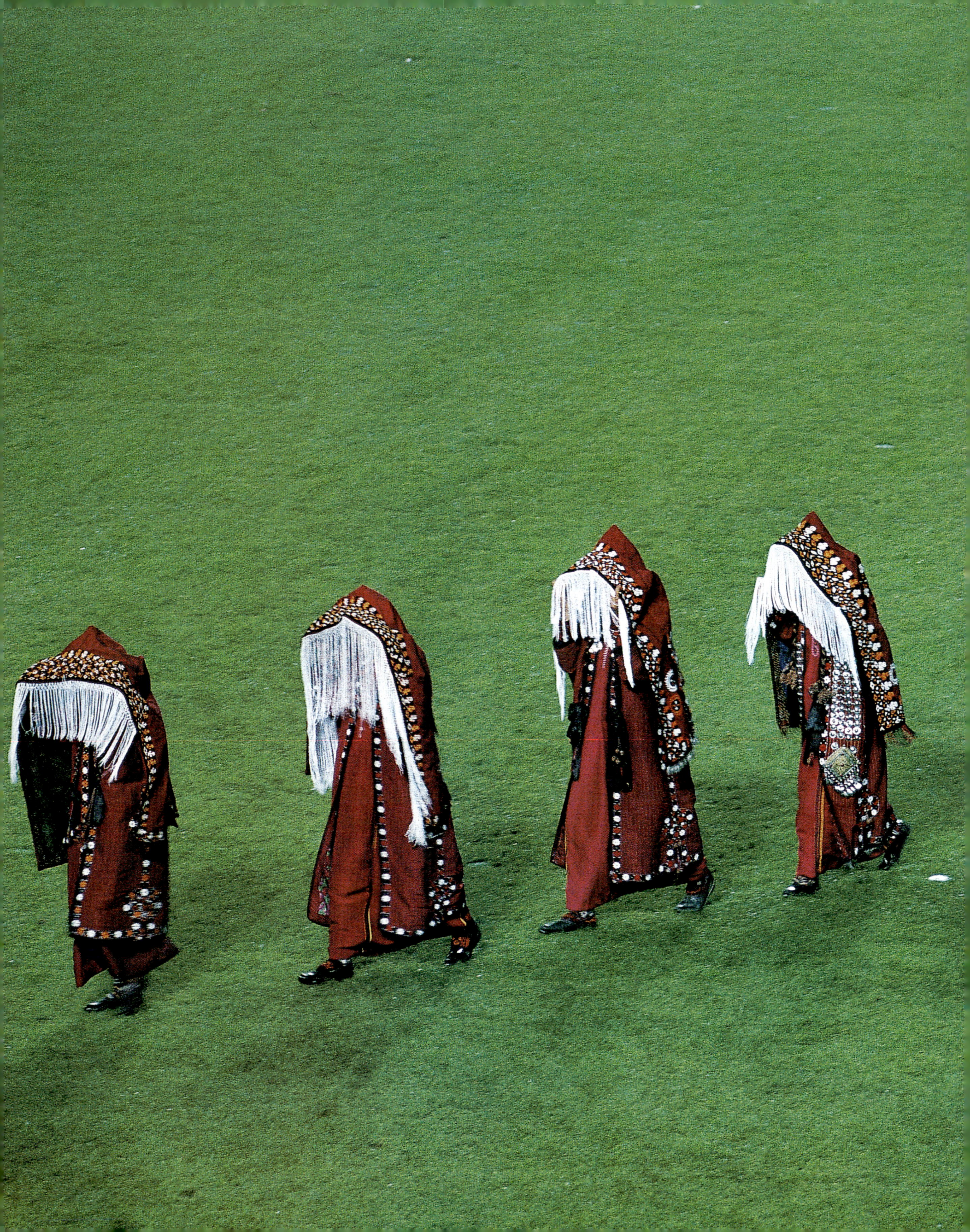

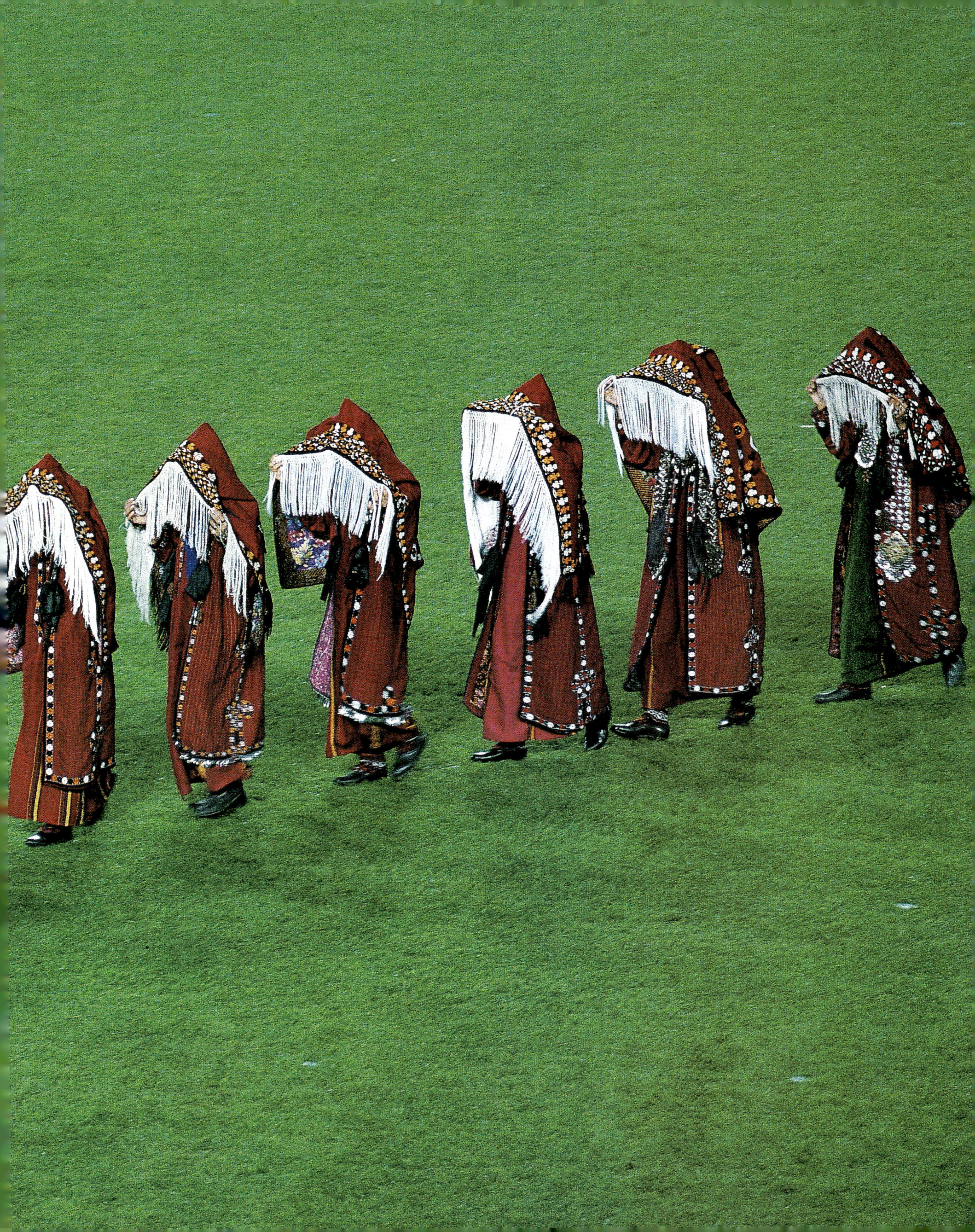

ZOROASTRE

La rencontre des empires

Les caravansérails de la route de la Soie vénèrent l'amitié. Ses frontières aiment le feu. À la rencontre des empires, sur la route qui descend de Bazargan à Tabriz via Milan, sur une voie encombrée de camions, de tracteurs, de jeeps militaires aussi, le voyageur sent la poudre, la tension accumulée et prête à exploser. Le pétrole attise les inimitiés, exacerbe le goût des intrigues. La région regorge d'agents et d'espions. Mais sait-on que dans le Caucase, à Bakou, sur les rives de la Caspienne, et jusqu'à Téhéran, on pratiquait jadis le culte du feu pour mieux rapprocher les hommes ? Que le naphte servait à célébrer le rite de Zoroastre, ou Zarathoustra ? Le culte du feu est encore célébré dans les cœurs et dans le plus grand secret en Iran. Au creux des montagnes du nord de l'Irak, on peut aussi rencontrer des Yézidis – quelques milliers vivent au Kurdistan –, cousins des zoroastriens. Les zoroastriens ou mazdéens, adeptes du dieu Mazda, ont essaimé des temples aux confins de la route de la Soie et au Turkménistan, l'ancienne Margiane, satrapie de l'Empire perse, selon les fouilles de l'archéologue russe Viktor Sarianidi. La pensée des zoroastriens, c'est le Bien contre le Mal, Ahura Mazda contre Ahriman. Dichotomique, cette philosophie va peu à peu céder le pas à un mode de raisonnement plus ambivalent. Certains poètes tel Hezqiâ déplorent la disparition progressive du zoroastrisme devant l'avancée de l'islam : « Païen comme tout Zoroastre / Tous en larmes comme les nuages / Sans force et sans patience / Dans une religion en détresse ».

Mais la pensée persane a parfois créé un syncrétisme entre les modes de raisonnement zoroastriens et une approche moins dialectique. On en retrouve certains prémices dans la *takia*, l'art de la dissimulation du chiisme, que la raison d'État en Iran a érigé en dogme et en pratique. Ce glissement se ressent aussi dans la littérature persane et jusque dans la poésie de Rûmî, toute en nuances, en transcendance plutôt qu'en opposition.

Le message de Goethe vers la fin de sa vie ne dit pas autre chose. Lorsqu'il écrit *Le Divan* à la manière des auteurs persans, la paix vient de sonner en Europe. Nous sommes en 1815 et Goethe rédige ses vers sur le Rhin, cette frontière longtemps en flammes et qu'il ne croyait plus jamais revoir. Par ses poèmes, Goethe célèbre la pensée non pas dichotomique mais en digression, en symbiose. Dans *Paix de l'âme chez le voyageur*, il évoque la bassesse qui est puissance, s'affirme dans le Mal et dispose du Bien « selon son bon plaisir. » Dès lors, le poète dépasse le conflit Bien et Mal et revient aux sources philosophiques semées sur la route de la Soie. « Goethe : l'Orphée et l'Horace allemands réunis dans un même homme », s'exclamait Lamartine.

Tel est aussi l'enseignement du voyage aujourd'hui en Perse. À Meyandasht, en plein désert, à l'est de Téhéran, un caravansérail attire le regard. Il est solitaire, restauré par quelques fols archéologues iraniens qui ont dû se battre contre les lenteurs de la bureaucratie téhéranaise. Construit par les Safavides aux XVIe et XVIIe siècles puis rénové sous les Kadjars au XIXe, le caravansérail est immense, doté de trois magasins, de trois réserves d'eau, dont l'une ressemble à une gigantesque piscine souterraine où viennent se rafraîchir les oiseaux assoiffés par l'immensité des sables. Le désert alentour n'est fréquenté que par quelques camionneurs et bus brinquebalants,

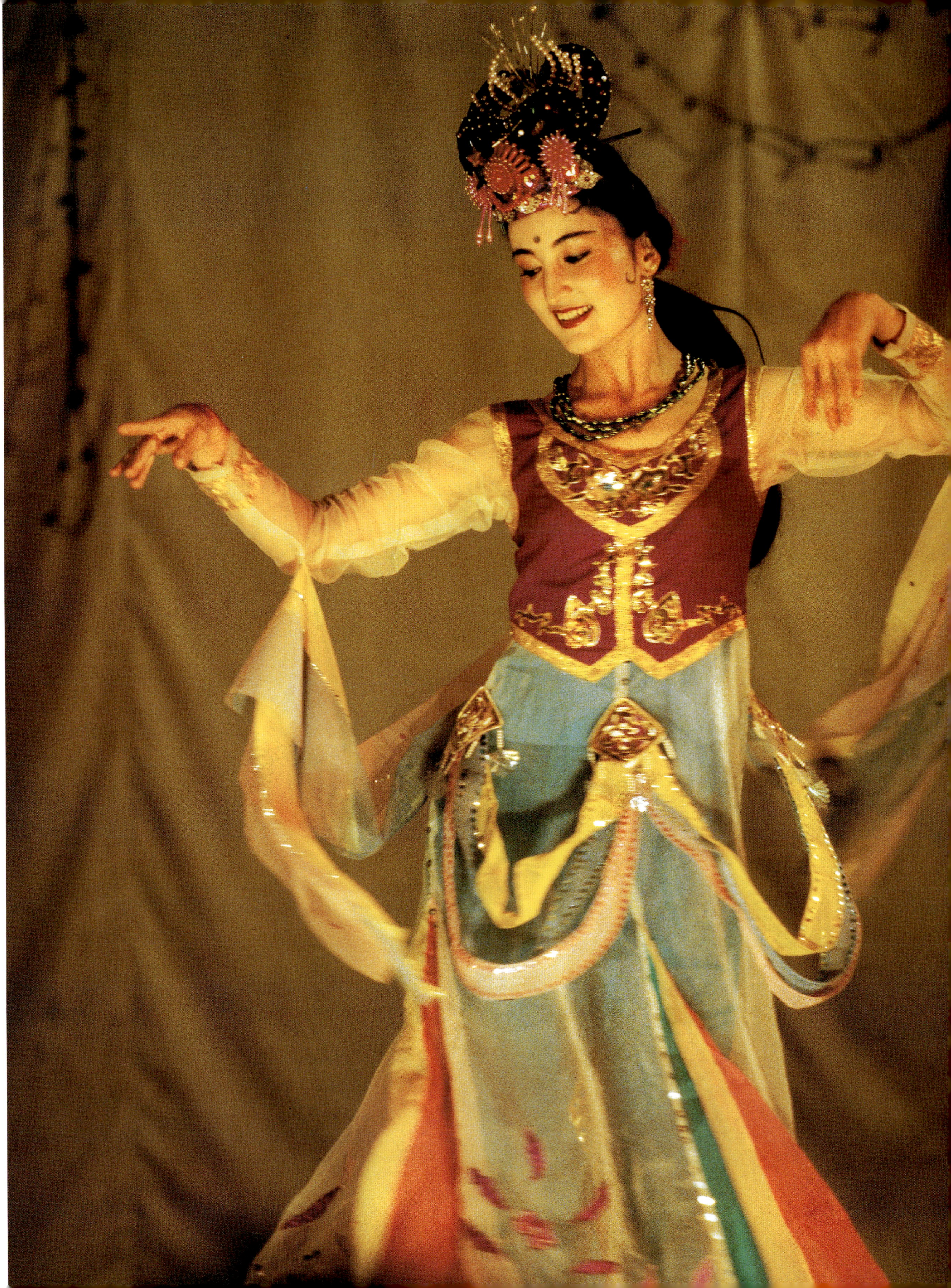

ZOROASTRE *La rencontre des empires*

Longue chevelure, voile qui suggère plus qu'il ne montre, traits fins et délicats, les danseuses de Bakou entraînent le temps d'une danse le voyageur fatigué qui a fait une halte dans cet antique caravansérail. Le patio est entouré de grandes alcôves. En leur temps, sur la route de la Soie, les bêtes se reposaient en bas et les hommes étaient à l'étage. Au cœur de la vieille ville, Bakou recèle des trésors de pierre : caravansérails et hammams sont des vestiges d'un temps révolu, où les voyages se faisaient au rythme du pas des montures.

Page précédente

Les gestes esquissés par cette danseuse ouïgoure du Turkestan oriental évoquent, à travers l'histoire et les brassages de cultures, la grâce des miniatures persanes. Son prénom d'origine turque, Gozal Nour, signifie « jolie lumière ».

certains chargés de pèlerins en route vers la ville sainte de Mashad. Un village de maisons de pisé languit avec la même nonchalance que le caravansérail, hanté par l'esprit des marchands. Le gardien qui semble surveiller le fort depuis des siècles écoute la musique du médecin-chanteur Mohammad Esfahani, les violons et guitares élançant leurs sarabandes vers le sommet des vastes chambres à coupole du caravansérail. Depuis le toit du relais, par 36 °25'11" de latitude nord et 56°3'25" de longitude est, on aperçoit l'immensité du grand désert salé où s'aventurent encore les chauffeurs de la route de la Soie. À entendre le mollah du coin et un fonctionnaire aux ordres de Téhéran, les rectitudes ont remplacé les bonnes paroles des sages d'antan, lorsque le caravansérail ne désemplissait pas, marchands, palefreniers, serviteurs, philosophes, poètes et conteurs mélangés.

Le pieux Hussein H., un policier que je croise dans un bourg et qui m'accompagne contre mon gré pendant quelques kilomètres, hospitalité bureaucratique oblige, ne rêve que d'une chose : trouver une femme dans un bordel. Les lupanars existent dans la République islamique, assure-t-il, ou plutôt des hôtels qui réservent quelques chambres à ceux qui veulent « profiter de la vie ». « Je sais que je vais mourir un jour, et peut-être bientôt, dit Hussein H. le plus sérieusement du monde, alors je n'ai pas de temps à perdre. En Iran, avec un peu de dollars, on peut s'offrir tout ce qu'on veut, des Cadillac, du caviar, des films pornos, et des femmes. Oui, tout ce qu'on veut, à condition de ne pas critiquer les mollahs. » Le policier, qui, finalement, n'apparaît pas si pieux que cela, n'est guère gêné par ce qu'il assène, encore moins par la perspective de la prière du soir. Il est vrai que dans l'hôtel un tantinet sordide où nous conversons, deux femmes grassouillettes avec un foulard cachant à peine les cheveux lui lancent des œillades. « Elles viennent d'Azerbaïdjan », dit-il avant de disparaître à l'étage, au bout d'un couloir à moquette cramoisie.

ZOROASTRE *La rencontre des empires*

ZOROASTRE *La rencontre des empires*

ZOROASTRE *La rencontre des empires*

De la terre jaillit la flamme, tel un miracle. L'homme y vit la main de Dieu et bâtit un temple. Étymologiquement, Azerbaïdjan vient du perse ancien Athro signifiant « feu » et paten, « patrie ». La religion zoroastrienne, religion monothéiste préislamique, contemporaine du bouddhisme, est née en Azerbaïdjan il y a plus de vingt-cinq siècles. Le culte du feu dans cette religion trouve sa racine dans l'adoration primitive des feux naturels si nombreux dans la région, dus à des poches de gaz qui s'enflammaient spontanément.

Les bordels d'Orient seraient-ils les nouveaux caravansérails de la route de la Soie ? La question ne peut être évitée, tant le commerce des hommes et des femmes demeure omniprésent, d'Istanbul à Xian en Chine, à Samarcande aussi, et jusqu'à Kaboul, même sous les talibans. Au temps des antiques caravanes, lorsque l'Europe « aux anciens parapets » de Jules Laforgue se morfondait d'un Orient rêvé, il existait déjà des lupanars.

À Istanbul, les janissaires, centurions du sultan, disposaient de leurs « garnisons de femmes ». Les bektashis, des moines-soldats turcs adeptes du soufisme, célébraient le plaisir de vivre sur la couche des prostituées, quitte à s'enivrer. La péripatéticienne à leurs yeux n'avait rien d'une débauchée, au contraire, et les bektashis, volontiers œcuméniques, vénéraient à leur manière le précepte de saint Matthieu : « Les femmes prostituées vous devanceront dans le royaume de Dieu. » Sous le règne du sultan Sélim II, au XVIe siècle, alors qu'Isabelle la Catholique chasse d'Espagne les juifs dont certains chercheront refuge à Istanbul, les bordels pullulent. Les riches marchands du Bosphore courtisent ainsi derrière les moucharabiehs, les panneaux de bois ajourés, des femmes turques, grecques, arméniennes, juives, persanes. Ce n'est plus de l'œcuménisme à la bektashi, c'est la tour de Babel de l'amour. On imite le sultan qui, lui, dispose d'un harem.

Voyageur du XVIIe siècle, le chevalier de Chardin, qui a beaucoup fréquenté les caravansérails de la route de la Soie, en Perse et ailleurs, décrit dans son *Voyage de Paris à Ispahan* les bordels dont il fut sans doute un visiteur acharné : « Les villes en sont pleines [de prostituées] néanmoins ; et les gens estimés les plus réguliers et les plus saints s'en servent. Vous voyez tous les soirs, en vous promenant dans les collèges ou dans les grandes mosquées, des femmes publiques couvertes de leur voile, les unes suivies de leur servante, d'autres seules, entrer dans les petits logements des prêtres et des régents, tantôt chez l'un, tantôt chez l'autre. » Le chevalier orientalisant, adorateur de la Perse et de ses femmes, décrit le même ballet dans tous les caravansérails de la route de la Soie où il s'arrête et où se mélangent petites gens et marchands étrangers.

67

ALAMUT

La citadelle des Assassins

Il est un château qui hante les mémoires jusqu'au fin fond de l'Orient, une citadelle improbable qui longtemps a engendré les plus grandes chimères. Alamut, à deux mille cinq cents mètres d'altitude, au nord-ouest de Téhéran, n'est plus qu'une ruine exposée aux vents et au regard des aigles. Ici régna au XIe siècle le sanguinaire Hassan Sabah, le Vieux de la Montagne, le maître des *hashishin* ou Assassins, né aux alentours de l'an 1048 en Perse, inventeur d'un autre mythe sur la route de la Soie. Sous sa férule, des hordes de cavaliers surgissent du palais de montagne, s'élancent dans les plaines jusqu'en Syrie, au Liban ou au Caire pour égorger les rivaux. Les sbires de Hassan Sabah se vantaient d'avoir inventé l'assassinat politique. Comme des agents dormants, ils s'infiltraient dans les sérails des puissants, courtisaient les seigneurs, attendaient patiemment leur heure, poignard caché sous la tunique. Le Vieux de la Montagne leur promettait des vierges au paradis, du vin, des mets succulents. Leur forteresse d'Alamut fascina longtemps les voyageurs occidentaux et terrifia le monde qui résonnait des coups des sicaires, notamment contre l'occupant seldjoukide qui voulait imposer le sunnisme, doctrine des califes de Bagdad. Marco Polo lui-même rapporta la légende. « Aucun homme n'avait le droit de pénétrer dans le jardin s'il n'avait l'intention de devenir son *hashishin*. Il y avait, à l'entrée du jardin, une forteresse assez solide pour pouvoir résister au monde entier, et pas d'autre chemin pour s'y introduire. Le grand maître gardait à sa cour un grand nombre de jeunes gens du pays, âgés de 12 à 20 ans, afin de leur donner le goût du métier des armes. Puis il les introduisait dans son jardin par quatre, six ou dix à la fois, après leur avoir fait une certaine potion qui les plongeait dans un profond sommeil. Ainsi, lorsqu'ils se réveillaient, ils se trouvaient dans le jardin. Quand donc ils se réveillaient et que leurs yeux découvraient cet endroit enchanteur, ils pensaient qu'en vérité ce devait être le paradis. Avec ces dames et ces demoiselles qui badinaient avec eux au gré de leurs désirs… »

La légende fut à son tour colportée par les récits des croisés et les chroniques des nobles expéditions vers la Terre sainte. Cependant Hassan Sabah, qui a vécu au Caire et a connu le vieux calife fatimide, de confession chiite, ne veut pas que le meurtre, il veut aussi influer secrètement sur les destinées du monde musulman, puisque, trop seul, il ne peut régner. Il bâtit ainsi tout un système de liens occultes afin de mieux contrôler certains vizirs et entretient même des relations avec les croisés, ce qui lui vaut une haine plus grande encore des sunnites, lesquels appellent ses partisans les *batini*, « ceux qui font semblant de croire ».

En l'an 1105, le sultan seldjoukide entreprend un siège de la forteresse. Mais grâce à ses hommes infiltrés le vieux renard retranché sur les hauteurs voit le coup venir depuis longtemps et parvient à tenir sept ans durant en raison de sorties éclairs et de réserves prodigieuses. Le sultan lui-même tombe sous les coups des spadassins, histoire de montrer qui sont les vrais assiégés.

Les tueurs, il est vrai intrépides, dévoués jusqu'à la mort au Vieux, réalisent de belles prouesses, dont l'assassinat du grand vizir seldjoukide Nizâm al-Mulk, en 1092, ce qui fait dire à l'historien du XIIIe siècle Ibn al-Athîr que l'ennemi seldjoukide ne se relèvera plus

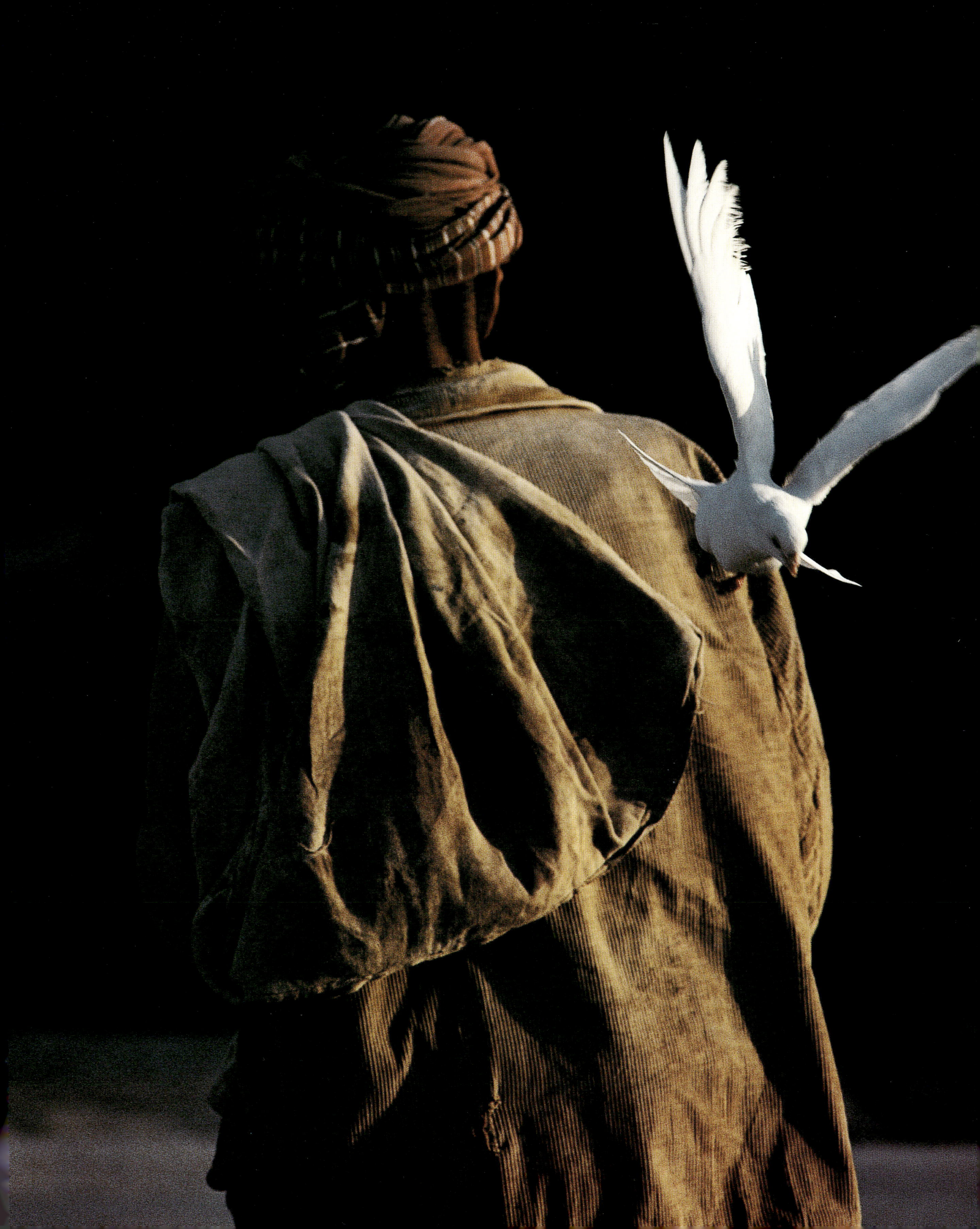

*De tout temps, le contrôle du cours d'un fleuve
a garanti la souveraineté. Dans l'ancienne
Mésopotamie, non loin de la célèbre citadelle
des Assassins, le Tigre s'étire et franchit
les montagnes.*

À droite

*Celui qui, avide de découvertes, prend la route
de la Soie pour sienne n'imagine sans doute
pas la dureté du chemin qui est le pendant
de la découverte. En Afghanistan, les fleuves
glacés au fort courant sont souvent franchis
sur d'improbables passerelles de cordes et
de bois, qui ploient sous le poids.*

Page précédente

*Dans la ville afghane de Mazar-e-Sharif,
envahie de pigeons blancs, un voyageur mendiant,
balluchon sur l'épaule, poursuit sa route.*

jamais, ou encore le meurtre du calife fatimide du Caire en 1130 et celui du roi latin de Jérusalem, le Franc Conrad de Montferrat, en 1192, à Tyr, par deux cavaliers *hashishin* déguisés en pèlerins, alors que leur mentor est mort depuis belle lurette. Le tueur peut rester en sommeil des mois, des années durant, en toute discrétion, mais quand il frappe c'est pour de bon, et en plein jour, au vu du plus grand nombre de témoins afin que se propage la nouvelle sur toutes les terres d'Orient. Les Assassins ont quelques manies, qu'apprennent bien vite les pourchassés : ils tuent de préférence le vendredi à midi, dans ou près d'une mosquée. Ces deux éléments, la présence de témoins et l'heure symbolique, représentés désormais par la télévision et l'heure du journal télévisé, sont perpétués aujourd'hui sur cette même route de l'image par les tueurs et les iconoclastes, avec cette contradiction qui est de tuer l'image, comme la représentation des idoles et des bouddhas, en montrant la mort par l'image cathodique tant honnie.

Certains fidèles de Hassan Sabah s'installent loin d'Alamut, près de Tyr, en Syrie, et le prince Hayton, auteur au début du XIVe siècle de *La Fleur des histoires de la terre d'Orient*, neveu du roi d'Arménie et chroniqueur des croisades, écrit qu'au royaume de Syrie le sultan peut compter sur cinq mille cavaliers et sergents à pied dans le pays des Assassins, tout autour du mont Liban. Épisode moins connu de leur épopée, les fidèles de Hassan Sabah, selon la chronique de l'Anglais Matthew Paris, auraient envoyé une délégation à Paris en 1238 quémander de l'aide afin de lutter contre l'envahisseur mongol. Moins vraisemblable, une relation de voyage moyenâgeuse indique que le comte Henri de Champagne, de retour d'Arménie, invité par les Assassins dans leur forteresse en 1197, aperçut des écuyers et des archers se jeter dans le vide depuis les remparts sur ordre des chefs afin d'impressionner le visiteur, geste d'hospitalité qui à la longue a dû coûter cher à son initiateur, généreux au demeurant en matière de sacrifice.

KHORASSAN

La contrée des poètes

Les hôtels de Mashad aux confins de l'Iran sont emplis de gens très croyants. On trouve là des voyageurs venus de Téhéran, d'Ispahan, de Qom, des riches et des pauvres, des camionneurs et de gros commerçants, des paysans aux mœurs simples et des fonctionnaires de la mollarchie. Sur la grande place trône l'un des joyaux de l'islam, l'Astan-é Ghods-é Razavi, avec ses deux mosquées, ses trois musées, six collèges théologiques, sa douzaine de corridors dont deux aux murs couverts d'or. Les agents de renseignement patrouillent dans l'enceinte même du site sacré, surveillent les faits et gestes des hommes, observent si une mèche de cheveux ne dépasse pas de la tenue noire de rigueur pour les femmes. Mashad est à la fois une ville charitable et une capitale de la rectitude.

Les marchands ont vite compris les profits qu'ils pouvaient tirer du pèlerinage à Mashad. Dans chaque rue de la ville des magasins et échoppes proposent aux pèlerins des bibelots, figurines religieuses, affiches de l'imam Hussein, petit-fils du Prophète dont la mort est célébrée chaque année par les chiites. Des myriades d'hôtels proposent des séjours à tous les prix et offrent une décoration qui mélange l'austérité et le clinquant kitsch. Le business des âmes assurément a encore de beaux jours devant lui sur cette portion de la route de la Soie.

C'est également dans cette contrée que la Perse a abrité certains de ses plus grands poètes, à Nishapur et Tus. Ghazâlî est né à Tus en 1058 et l'on récite encore ses œuvres devant un hideux tombeau de béton posé dans un vaste jardin à l'entrée payante, monument dont la laideur, sûrement monnayée par des architectes véreux, permet de comprendre que le scribe de l'amour n'ait guère envie de ressusciter. Des pèlerins s'y rendent pour fuir Mashad et prononcent, appris par cœur, ses versets ou ceux d'Omar Khayyam, poète de l'amour et de l'ivresse qui vénère le vin. Les nouveaux soufis assurent que les quatrains de Khayyam ont été écrits avec des mots empruntés au soufisme, sorte de langage codé que les initiés peuvent déchiffrer à moins qu'eux-mêmes ne soient portés sur le fruit de la vigne. Certains estiment que le « vin » est une allégorie, un breuvage spirituel qui permet d'atteindre la perfection. Pour ceux-là, apeurés par l'idée que le grand poète puisse encourager la débauche, l'honneur est sauf. Pour les autres, il leur convient que le poète de Nishapur soit le chantre de l'extase bassement terrestre.

Serait-ce la tradition de la route de la Soie que de célébrer tant l'amour divin, davantage que l'amour des hommes et des femmes ? De mélanger le profane et le sacré, de brouiller les pistes, ou au contraire de mieux les éclairer, le spirituel redonnant du mordant à la vie matérielle et l'inverse ? Le poète Saadi, né au début du XIIIe siècle, chante aussi bien les vertus de l'amour que le recul de la raison qui « s'est élevée pour me blâmer ; de celui qui aime s'éloignent tous les préceptes du bien-être ». Omar Khayyam s'élance sans retenue dans des bacchanales, des orgies de l'esprit enivré,

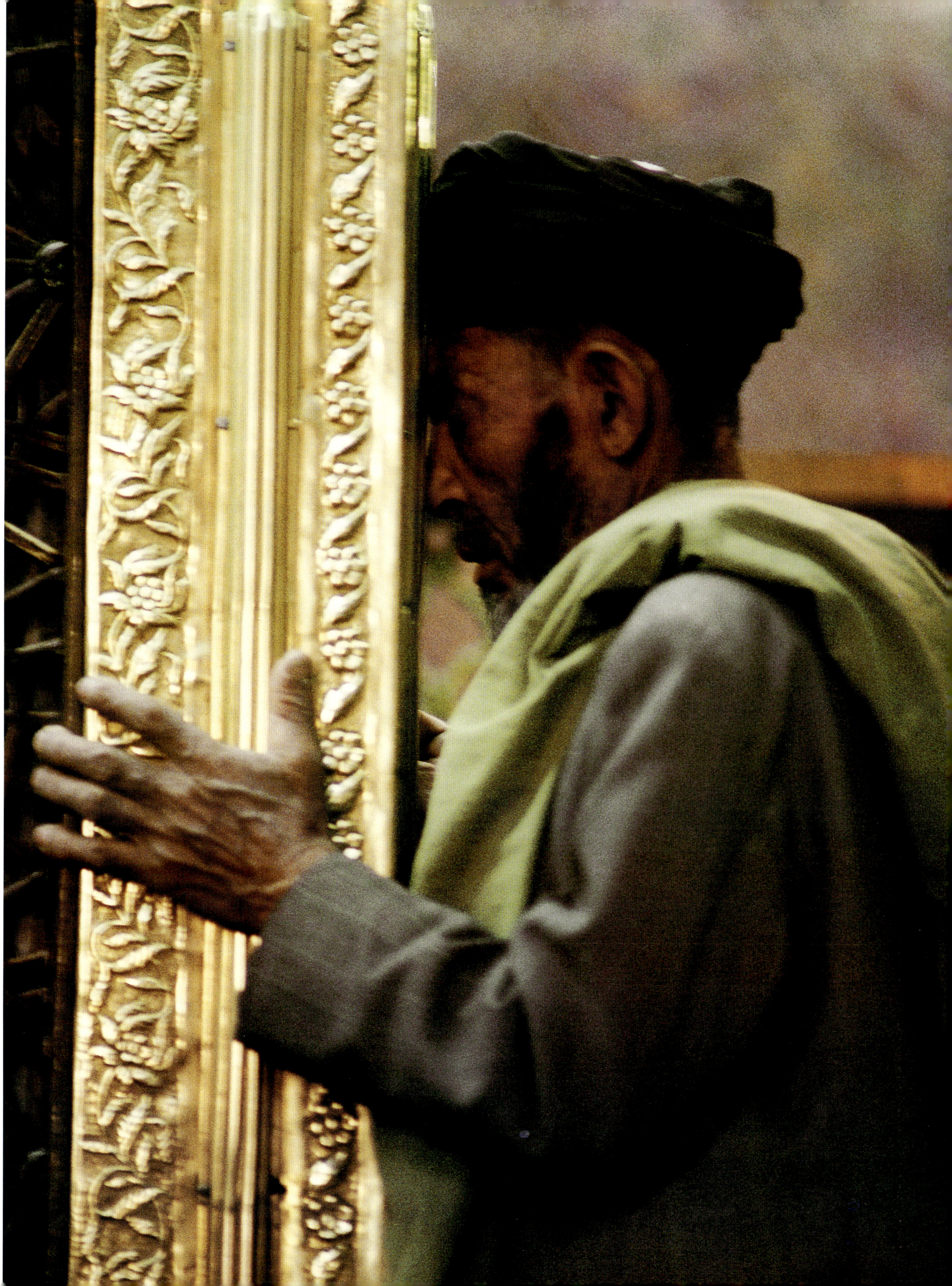

KHORASSAN *La contrée des poètes*

Page précédente

*Spiritualité, ferveur et silence,
pour ce pèlerin d'un jour,
qui s'est arrêté à la mosquée
de Mazar-e-Sharif en Afghanistan.*

*Dans la sainte ville de Qom, pendant l'Achoura, une foule d'hommes s'autoflagellent en l'honneur du martyre, Hussein, troisième imam chiite, tué en 680 par les troupes omeyyades lors de la bataille de Kerbala.
Chaque année, de l'Iran à l'Afghanistan en passant par le Pakistan, l'ensemble de la communauté chiite renoue avec le culte de la « passion de Hussein ». C'est à l'occasion de l'Achoura, le dixième jour de Moharam, premier mois de la nouvelle année musulmane, que ses adeptes pleurent la mort du second fils d'Ali et troisième imam depuis le prophète Mahomet. En sa mémoire, ils se lancent dans une rétrospective rituelle de la bataille de Kerbala. Les* tazieh, *ces spectacles religieux traditionnels, témoignent, parfois violemment et dans le sang, de l'intense ferveur des chiites pour leur martyre.*

KHORASSAN *La contrée des poètes*

ivre de Dieu, du vin, de la vie, à la suite de Manoutcheri, le lettré protégé des princes, son presque contemporain. Manoutcheri : « Ô vin ! je me dévoue à toi, de corps et d'âme, tout entier, / Parce que tu déracines de mon cœur la mélancolie. » Omar Khayyam : « Bois du vin au clair de lune, ô ma lune, car la lune / Bien souvent brillera sans plus nous retrouver. » Imagine-t-on de tels *rubayat* (« quatrains » en persan) aujourd'hui dans l'Iran sectaire des mollahs ? Devant sa tombe, à Nichapour où il est mort en 1123 soit un siècle avant la naissance de Rûmî, des Iraniens et Iraniennes murmurent des prières pour son âme et l'on se prend à rêver que les mêmes paroles soient délivrées en versets à Téhéran. Omar Khayyam est un poète vénéré pour les Persans d'aujourd'hui car il représente cette flamme d'insolence et d'amour du prochain, cet *esprit des caravansérails* trop longtemps oublié.

Omar Khayyam vantait d'autant plus les charmes de la poésie qu'il se livra sa vie durant à des travaux de mathématiques et d'astronomie. Il argumente sur les racines des équations cubiques, découvre le triangle de Pascal six cents ans avant le penseur français et introduit l'année bissextile dans le calendrier persan. À Nichapour, à Téhéran et par-delà les frontières, la poésie d'Omar Khayyam remplit le vide des âmes par ce qu'elle apporte de chagrin, de lucidité, d'épicurisme, de sagesse aussi. Longtemps banni, le poète est à nouveau toléré par les mollahs, sans doute pour son côté exutoire. La censure, certes, ne peut freiner l'élan des cœurs. Or c'est précisément ce que vantent les *rubayat* d'Omar Khayyam, l'amour et l'extase, quitte à rappeler les charmes de ceux qui font commerce de leur corps, « quelques compagnons de plaisir, un être joli comme les houris ».

KHORASSAN *La contrée des poètes*

« *Écoute le ney et la complainte de sa séparation du champ de roseaux. Il pleure depuis que la main l'a taillé, et que le souffle des hommes est devenu gémissements.* » *Tels sont les premiers vers du mystique persan, l'un des grands maîtres du soufisme, Rûmî, dont la pensée et les textes rayonnent bien au-delà de la route de la Soie.*
Nombreux sont ses adeptes, libres penseurs, artistes du monde, influencés par son enseignement mystique de connaissance et de tolérance.
À Paris, le danseur et calligraphe Shahrokh Meshkin Ghalam, tel un derviche, danse sur une scène.

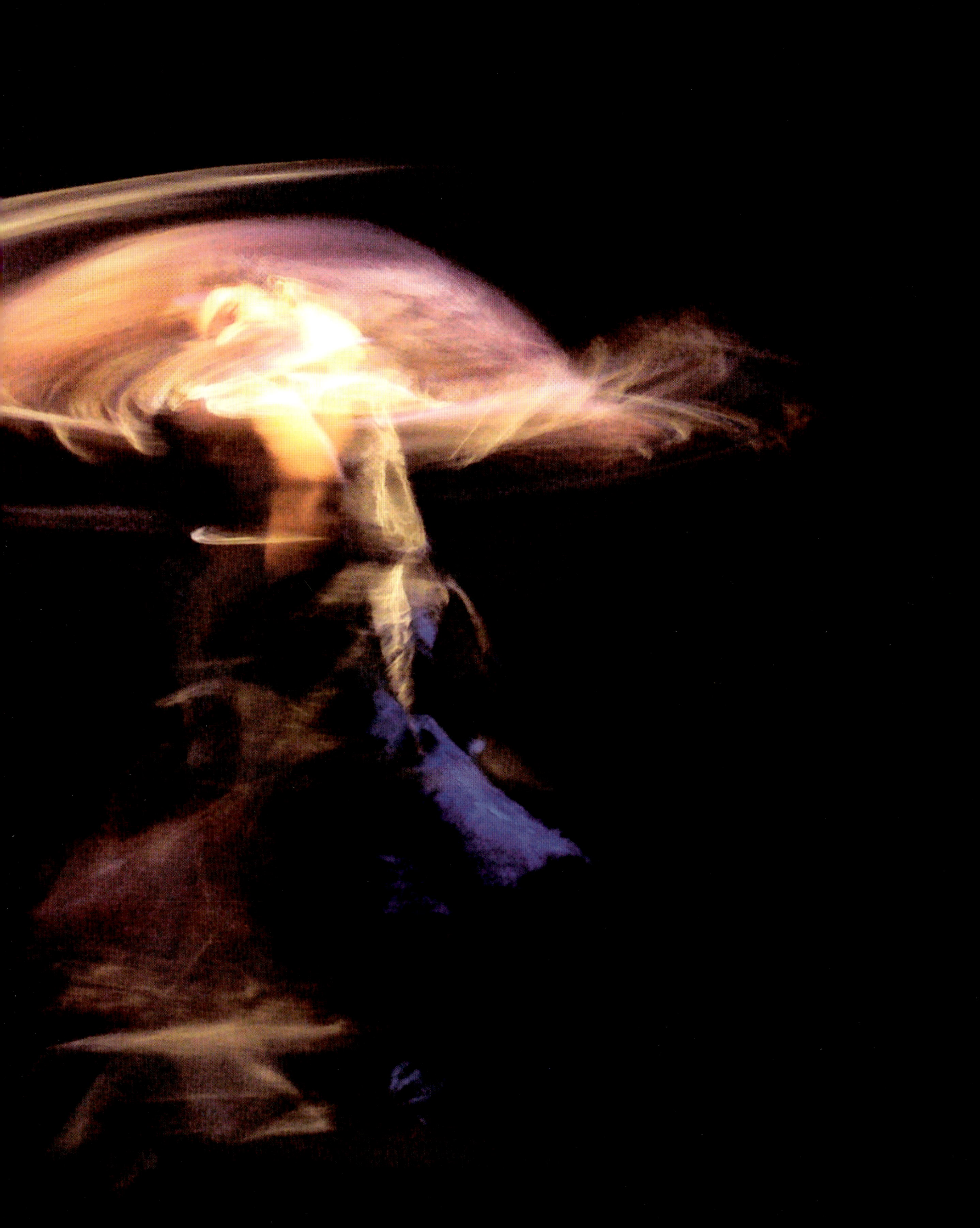

PORTES DE L'ASIE CENTRALE

Pour tout l'or de Samarcande

Rûmî a fréquenté lui aussi ces lieux, Nichapour et sa contrée de poètes. À l'instar d'Omar Khayyam, qui se définissait comme un fidèle croyant, et de Manoutcheri, le poète soufi a pris ses distances avec le dogme musulman. Point de bigoterie dans les écrits, point de sermons basés sur la doctrine. Pour les disciples de Rûmî et des maîtres soufis, la poésie suffit à guider les âmes. Elle génère ses propres leçons et prend pour fondement l'amour d'autrui. Quel voyageur a rêvé meilleure exégèse ? Voilà pourquoi les poètes sont craints par les plus sectaires de la route de la Soie, par les talibans, les dogmatiques iraniens et les partisans du fanatisme. Longtemps les célébrations soufies ont été interdites en Iran et en Afghanistan. Elles reviennent en force pour combattre le sectarisme des théocrates. Leurs vers et leurs chants rajoutent aux mythes de la splendide route.

D'autres mythes la parcourent, jusqu'à Samarcande et Boukhara. Comme Istanbul, Samarcande au nom magique a sédentarisé les plus nobles des conquérants. Or la brutalité, par une alchimie propre à la route de la Soie, se mue précisément en raffinement dans cette belle oasis de steppes. Tamerlan le grand conquérant y devient l'ami des écrivains, des peintres, des musiciens. Il vénère les charmes des arts, veut dominer le monde non seulement par sa troupe mais aussi par son escouade d'artistes. Samarcande est une halte philosophale qui transforme la haine en prière pour le salut de l'autre. Est-ce le penchant pour la magnificence des arts que recherchent les voyageurs d'Asie centrale en admirant le tombeau de Tamerlan dans la mosquée de Samarcande, aux nids-d'abeilles aériens, aux courbes audacieuses, aux couleurs savamment mélangées, qui vont influencer toute l'histoire des arts ottomans ?

Dans la Perse et l'Asie centrale des XIIIe et XIVe siècles, la céramique connaît comme la miniature une envolée fabuleuse, à tel point que les deux arts semblent liés, loin de tout iconoclasme, autre revanche de l'islam sur Byzance et la chrétienté d'Orient. On assiste à une floraison d'ateliers, et les artistes suivent les souverains. Les Timourides, les descendants de Tamerlan, mort en 1405, favorisent cet essor des arts et des lettres en Perse orientale et en Transoxiane, depuis leur citadelle d'Herat, à l'ouest de l'actuelle Afghanistan. Ce sont des noceurs, des massacreurs qui aiment la ripaille, mais ils s'avèrent aussi, une fois installés dans l'oasis, de grands amoureux de l'art, des mécènes dans l'âme, comme si l'écrin d'Herat offrait une propension à s'épanouir dans la miniature et la contemplation des calligraphies magnifiques. Ils aident et commandent vite, ces rois noceurs, car ils n'ont pas de temps à perdre pour gagner un titre à la postérité : ils meurent jeunes, menacés par la cirrhose du foie ou le poignard du rival, cet éternel empêcheur de régner en rond. On mande les artistes de Tabriz, de Chiraz, de Bagdad, de Nichapour. L'art essaime alors dans tout le monde musulman grâce aux caravansérails et aux riches marchands. Des vassaux s'enquièrent des dernières techniques, de la peinture au lapis-lazuli ou à l'argent fondu. Des suzerains convoquent les artistes en vogue. On s'arrache à prix d'or les faveurs de tel céramiste ou graveur. La couleur est sublimée, le rouge et le bleu sont allégoriques, aux contours bien délimités, sans se mélanger, dans un nouveau mariage à distance.

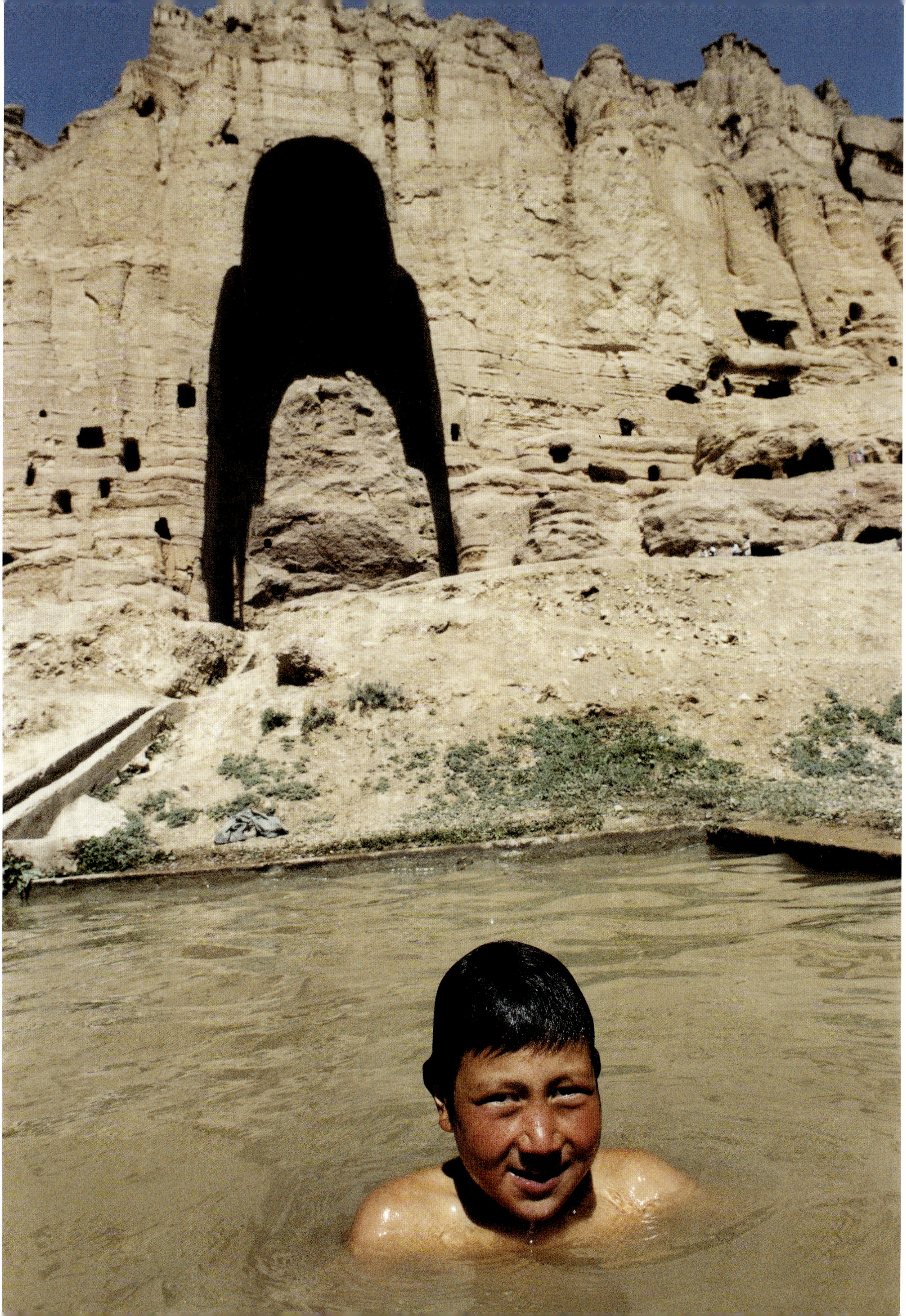

En 1301, Abd Gassem el Gassani, céramiste né à Tabriz, écrit un traité dont l'original se trouve à Sainte-Sophie à Istanbul et qui fait autorité dans le domaine, avec une renommée qui s'étend vite auprès des Seldjoukides, des Abbassides et jusqu'en Chine. Alors qu'il paraît facile d'obtenir du bleu, au cuivre pour une nuance claire, au cobalt pour le sombre, la maîtrise du rouge se révèle ardue car il est engendré par l'oxyde de cuivre ou des paillettes de cuivre cristallisées. Ce sont justement les céramistes de Samarcande, avant Gengis Khân, qui inventèrent un procédé nouveau, recourant aux cristaux de quartz couverts d'hématite aux reflets brun-noir ou brun-roux. Se promenant d'un bout à l'autre de la Mosquée bleue, un archéologue qui remonte la piste des Ottomans et de leurs alliés dans l'histoire est visiblement heureux de ces liens entre les deux mondes, tant ils lui permettent de démontrer que la route de la Soie a été de tout temps un lieu d'échange non seulement de marchandises mais aussi de symboles, et que l'Orient et l'Occident ont longtemps dialogué par une correspondance de couleurs.

Tamerlan va imposer le bleu comme couleur maîtresse de son règne. Et le bleu va régner sur le monde à la mort de « Timour le Boiteux », en 1405, jusqu'à l'empire des Ottomans.

S'estimant héritier spirituel de Gengis Khân dont il n'était qu'un lointain parent, Tamerlan avait assis son pouvoir sur la terreur et des montagnes de boîtes crâniennes. Peu à peu, la cruauté a cédé le pas à l'art et au raffinement. Les Ottomans, à l'extrémité de la route de la Soie, reprennent à leur compte ce curieux mélange. Ils fondent sur Constantinople l'impie un demi-siècle après la mort de Tamerlan, s'en emparent avec des actes d'une barbarie inouïe puis reprennent le canon esthétique des vaincus. Avec le calme de la paix, de la concorde aussi passée avec les minorités, s'installe le culte des arts. La route de la Soie s'agrandit du commerce de la faïence, de la porcelaine et aussi des règles de la beauté, des principes de l'esthétique qui parcourent les empires des steppes, depuis la Chine lointaine où les ateliers excellent dans le traitement de la céramique. Philosophie, religion et art se mélangent au fil des étapes. À Samarcande, sur la place du Registan où repose Tamerlan, la madrasa achevée en 1420, quinze ans après la mort du

À gauche

Dans la mosquée de la ville sainte de Mazar-e-Sharif, une femme afghane prie devant un moucharabieh. Le corps des femmes est dissimulé au regard des passants par un tissu large qui le recouvre de la tête aux pieds. Un grillage de tissu permet à celle qui porte la burka de voir sans être vue.

L'âtre d'une maison.
Sur la route de la Soie, les caravaniers ont sans doute fait une dernière halte dans ce village, avant de pénétrer dans l'immense désert de Taklamakan, au Turkestan oriental.

Page précédente

De l'Inde, les moines prirent la route et répandirent le bouddhisme en Orient. Perse, Asie centrale, Extrême-Orient gardent les traces de leur passage.
En Afghanistan, les immenses bouddhas de Bamyan, taillés dans la roche, dominaient de leur imposante stature celui qui arrivait. Il ne reste de leur présence à travers les siècles que des trous béants.

Ci-dessus

Quel voyageur n'a pas été surpris de pénétrer dans une mosquée et d'y trouver un moment de sérénité, de calme, à l'abri de la chaleur étouffante, de la foule dense, des sollicitations diverses ? Herat, en Afghanistan, où vécurent plusieurs mystiques soufis, est un lieu de pèlerinage important. C'est l'heure de la palabre pour ces deux Heratis assis dans la cour de la mosquée.

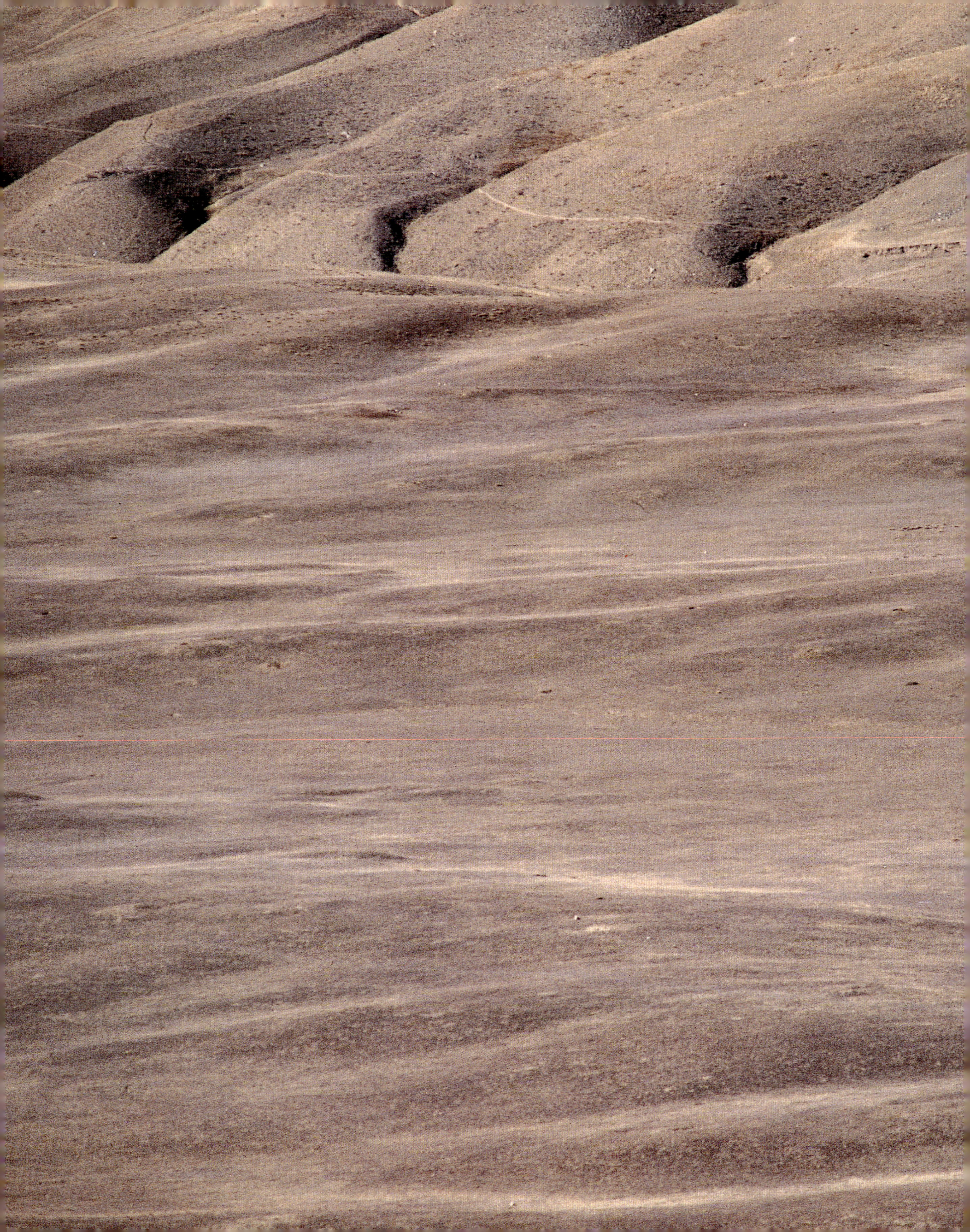

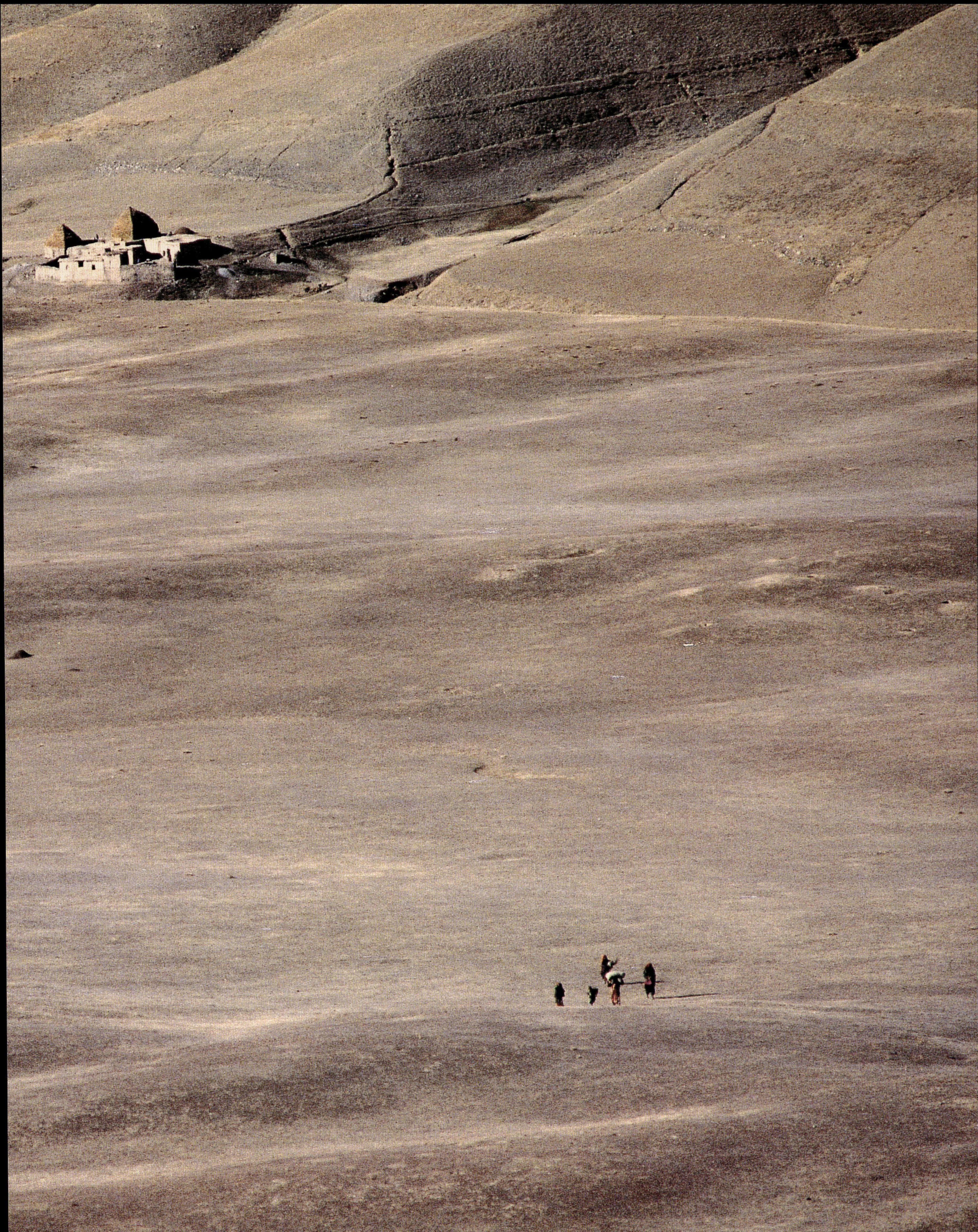

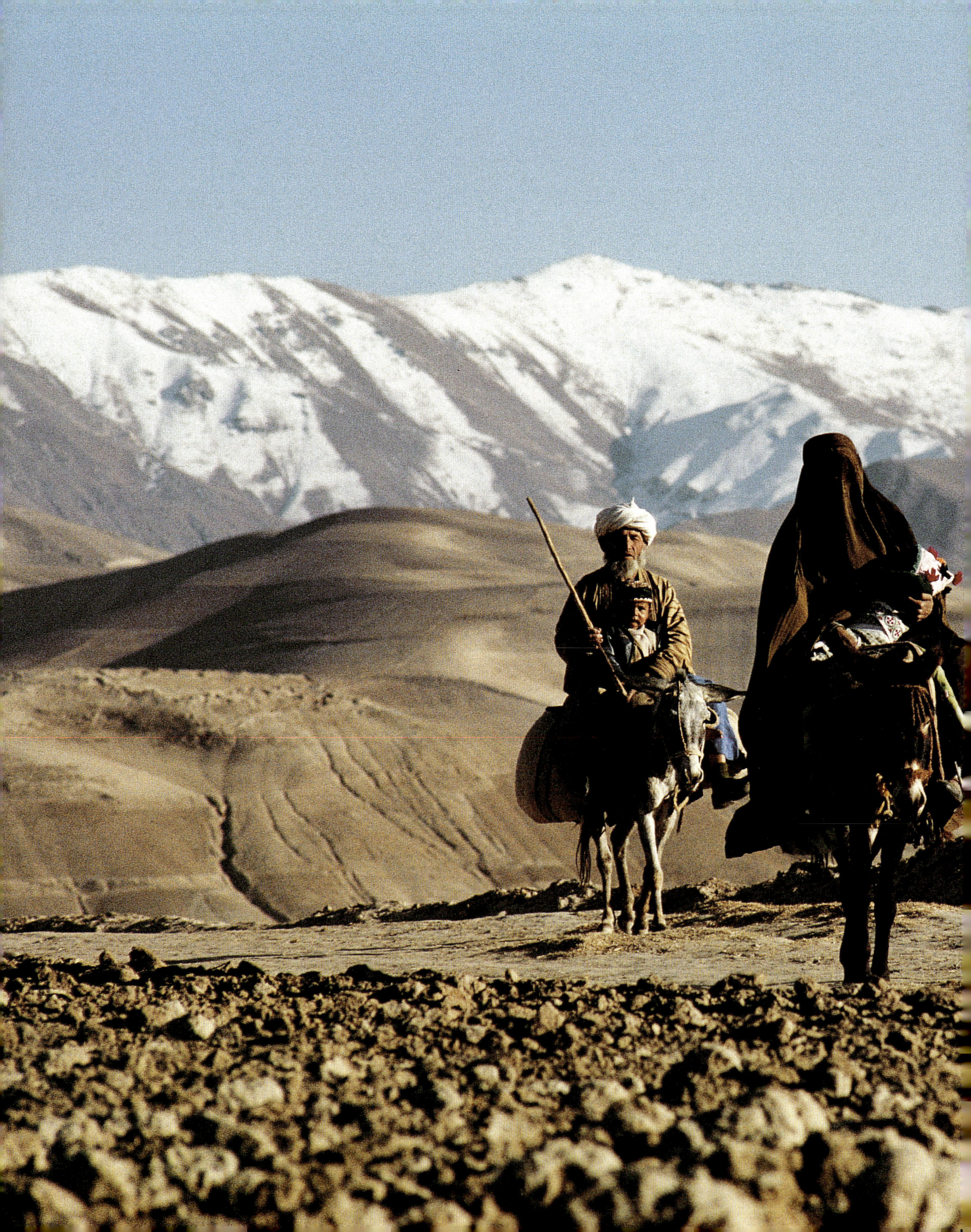

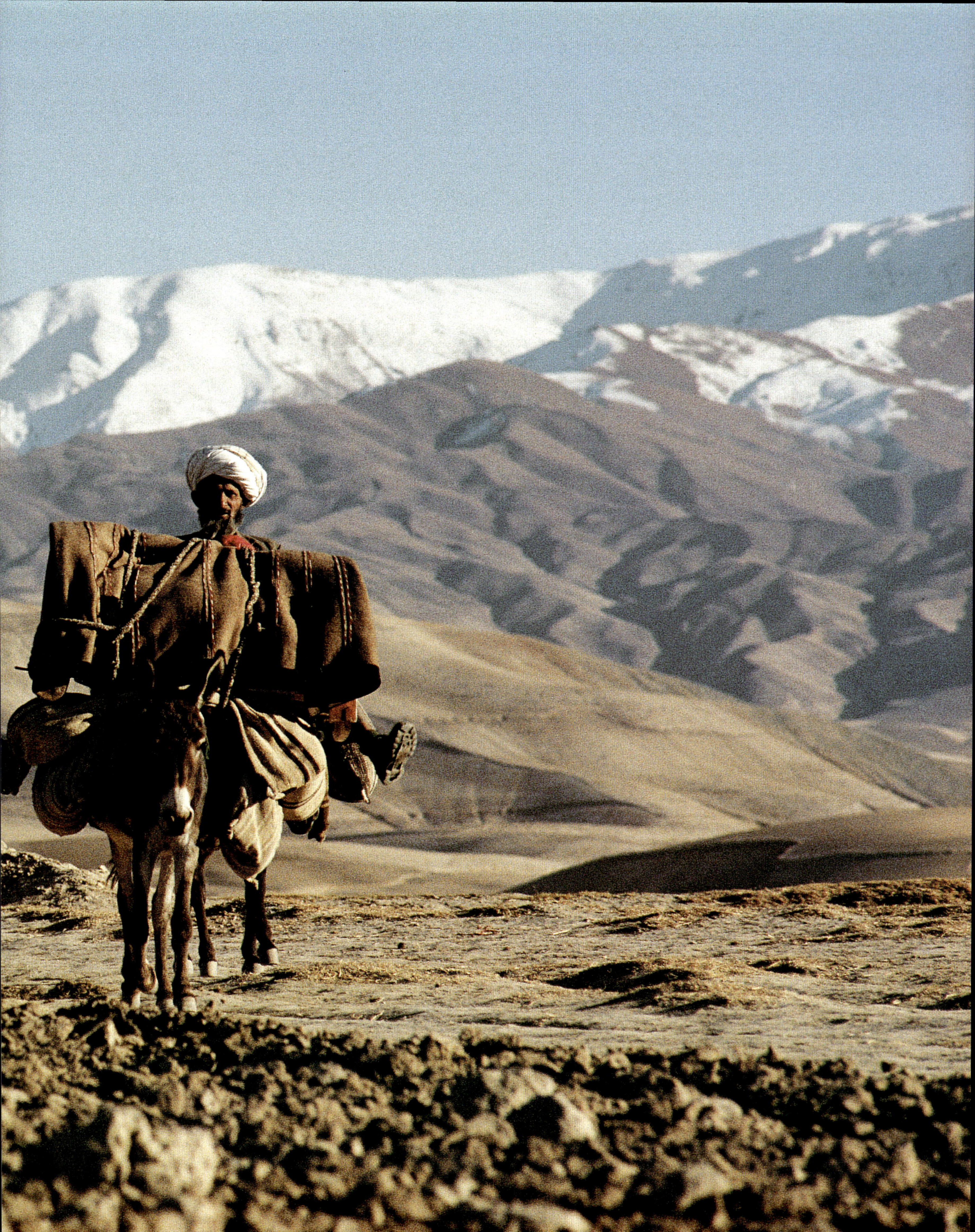

ASIE CENTRALE *Pour tout l'or de Samarcande*

La solitude de celui qui entame un long périple est quotidienne. Dans ces différences rencontrées au fil des jours, tout semble à la fois hostile et enrichissant. Les découvertes sont source de petits bonheurs. Les cartes se brouillent et chaque instant est une remise en question profonde de ses propres repères. L'accueil que l'on trouve sur sa route, l'attente manifestée par les habitants à celui qui ne fait que passer, est tel un baume sur le corps et l'esprit fatigués. En Afghanistan, les siècles semblent avoir garder intacte la simplicité silencieuse et chaleureuse de l'hospitalité des hommes.

Pages 82-83

Le plateau de Shiva, dans le nord du Badakhshan, en Afghanistan, est aride. Longtemps, il fut un haut lieu de pèlerinage pour les moines bouddhistes, venus méditer dans l'immensité.

Double page précédente

En Afghanistan comme dans de nombreuses contrées qui jalonnent la route de la Soie les routes praticables sont rares. À dos d'âne, de cheval ou de chameau, des familles entières parcourent des kilomètres, des jours durant, renouant ainsi avec les voyageurs qui ont emprunté cette route depuis des siècles.

87

À droite

Route de la Soie et route du Thé ont un semblable tracé. Le Bosphore était alors la frontière entre les amateurs de thé et les consommateurs de café. Au-delà, le thé est plus largement apprécié et reste la boisson quotidienne. Pour les voyageurs comme pour ce petit garçon afghan, l'eau bouillie pour le thé prévient des amibes présentes dans l'eau tout juste puisée.

Pages suivantes

Depuis plus de deux mille ans, dès l'apparition des premières douceurs du printemps, des tournois de bozkashi sont organisés des steppes de la Mongolie aux plaines de l'Afghanistan, rassemblant ainsi des hommes venus de différentes régions. Le maître de cérémonie, le « rais du bozkashi », commence alors à officier. Avant le début du jeu, une chèvre est tuée pour l'occasion et utilisée comme une balle, placée au centre du terrain, dans le « cercle béni ». Il faut alors aux cavaliers attraper la bête, chevaucher autour du terrain en la tenant par une patte et la redéposer dans le « cercle béni », avant que d'autres ne s'en emparent.

roi, rappelle que son petit-fils, le religieux Ulug Beg, était aussi philosophe, astronome, mathématicien, comme Omar Khayyam. Éduqué par Kadi Zada, un savant d'Anatolie venu à la cour de Tamerlan, Ulug Beg est un prince amoureux des étoiles. Samarcande représente alors une ville bouillonnante. Tous les lettrés et hommes de savoir des grandes villes conquises par Tamerlan, Bagdad, Ispahan, Chiraz, Nichapour, ont été envoyés dans l'illustre ville. On échange, on palabre, on argumente. Les philosophes et les mathématiciens réinventent Samarcande. Quel meilleur berceau pour Ulug Beg, qui découvre à la fois des puits de science et des jardins merveilleux... Lui-même reprendra cette tradition, concentrer la connaissance dans une ville afin de mieux essaimer vers les étapes de la route de la Soie. Peu à peu, Ulug Beg explore la voûte céleste pour renseigner les hommes et les aider à découvrir leur petitesse, donc leur infini désir de grandeur. Le mortel Ulug Beg, « Grand Prince », va donner accès à l'instant d'éternité. Il réussira là où échoua son grand-père, repousser les limites de l'empire. Alors que Tamerlan à l'agonie veut lancer sa dernière conquête, avec deux cent mille hommes à l'assaut de la Chine, son petit-fils rêve déjà de conquérir les cieux. L'âme y a davantage sa place. Tamerlan échoue, et Ulug Beg réussit. La route de la Soie est aussi verticale. L'astronomie d'Ulug Beg, le soufisme de Rûmî et de ses héritiers montrent que les caravansérails rayonnent d'abord dans le cœur des hommes.

Cette tradition va devenir un attribut de la route de la Soie : prôner la foi tout en vantant les qualités de la science. Les soufis ne se soucient guère de cette contradiction, au contraire, estimant qu'elle permet de mieux démasquer les bigots. La Terre tourne, déclarera Galilée. La foi aussi. Elle avance, s'enrichit de la matière puis s'en détache. Tel est le testament non pas du grand Tamerlan, tueur des hommes et amoureux des arts, mais d'Ulug Beg et de ses disciples. Contrairement à son célèbre et sanguinaire grand-père, ce n'est pas une montagne de crânes qu'il veut accumuler mais une gigantesque somme de mémoires. Peu à peu, les mollahs radicaux vont condamner cette distorsion. Le soufisme sera banni de maintes cités, Omar Khayyam accusé pour sa double déviance, vers l'amour, fût-il enivré, et vers la connaissance, deux chemins qui ne respectent guère le dogme, à cause de la lucidité qu'ils engendrent.

La Florence d'Orient

Herat va peu à peu donner le change à Samarcande. Héritiers de Tamerlan au XVe siècle, les Timourides s'y installent. Là encore, la tradition des arts l'emporte sur l'art de la guerre. On ferraille sur des miniatures et des céramiques plutôt que sur des champs de bataille, on rivalise sur de la glaise cuite dans des fours de potiers puis dorée à l'or fin davantage que devant des forteresses aux pierres épaisses. Les tueries sont plus allégoriques que réelles, même si les massacres perdurent dans ces sites qui n'aiment décidément que deux mouvements, celui des lentes caravanes et celui, plus rapide, essoufflé, des hordes de conquérants.

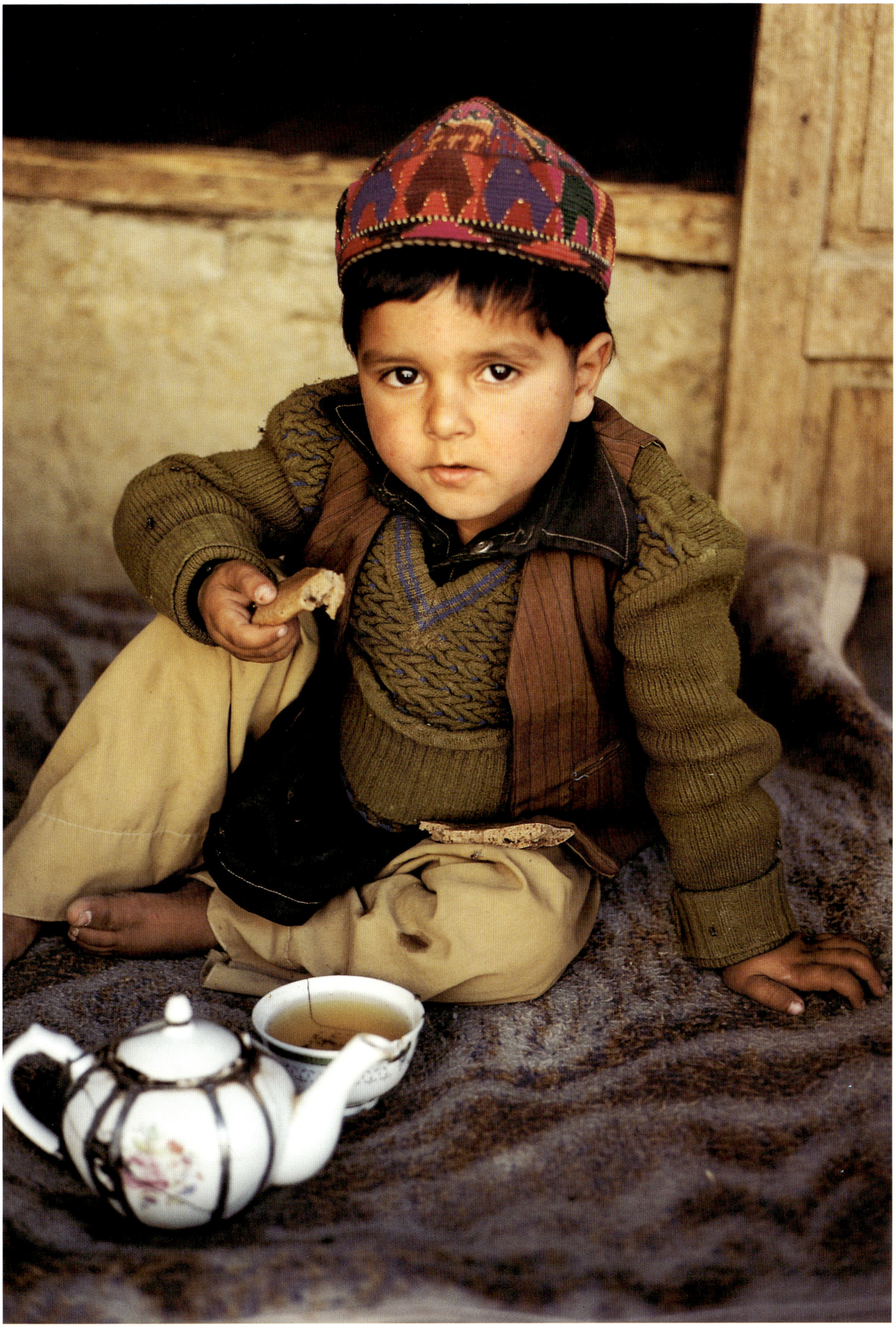

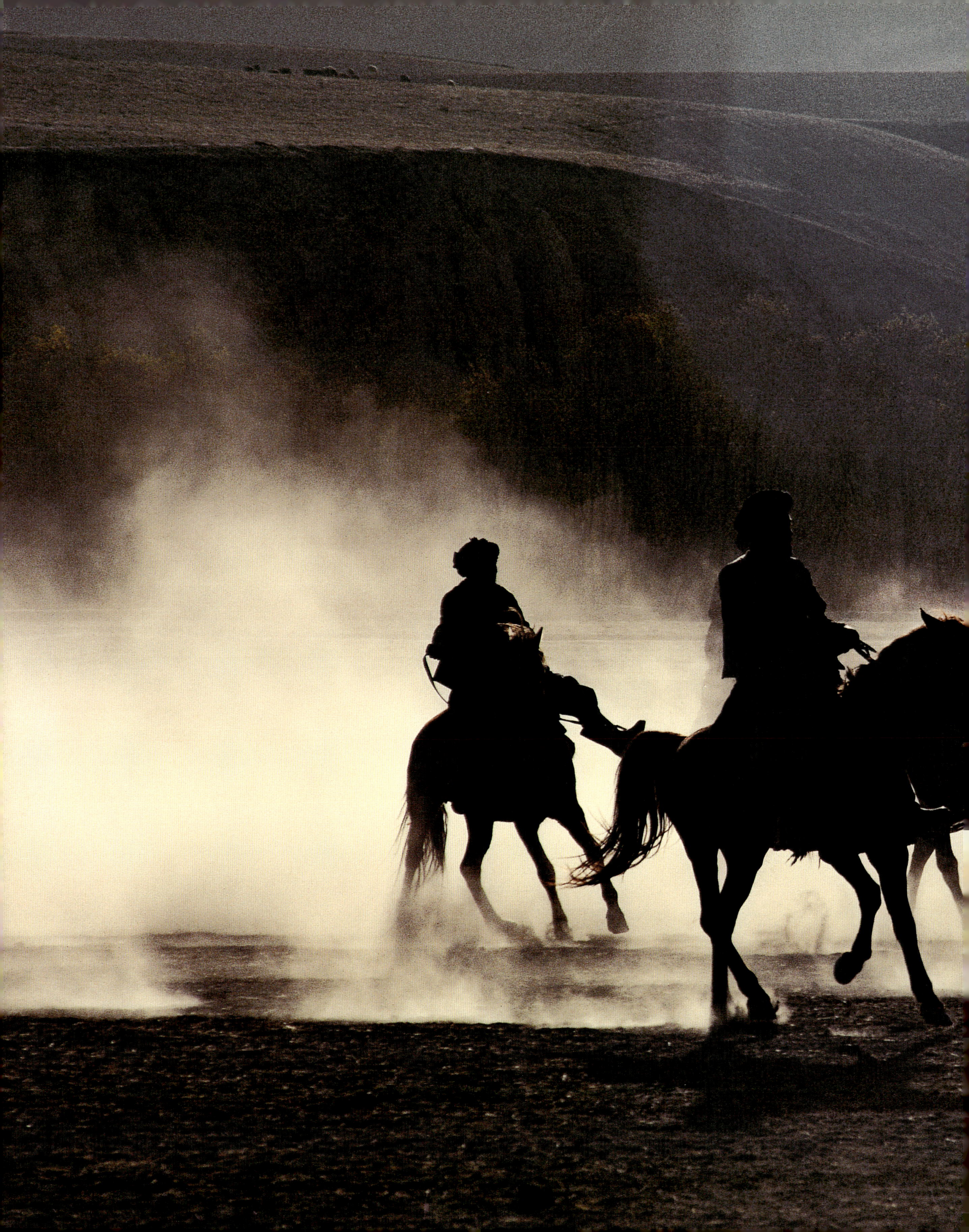

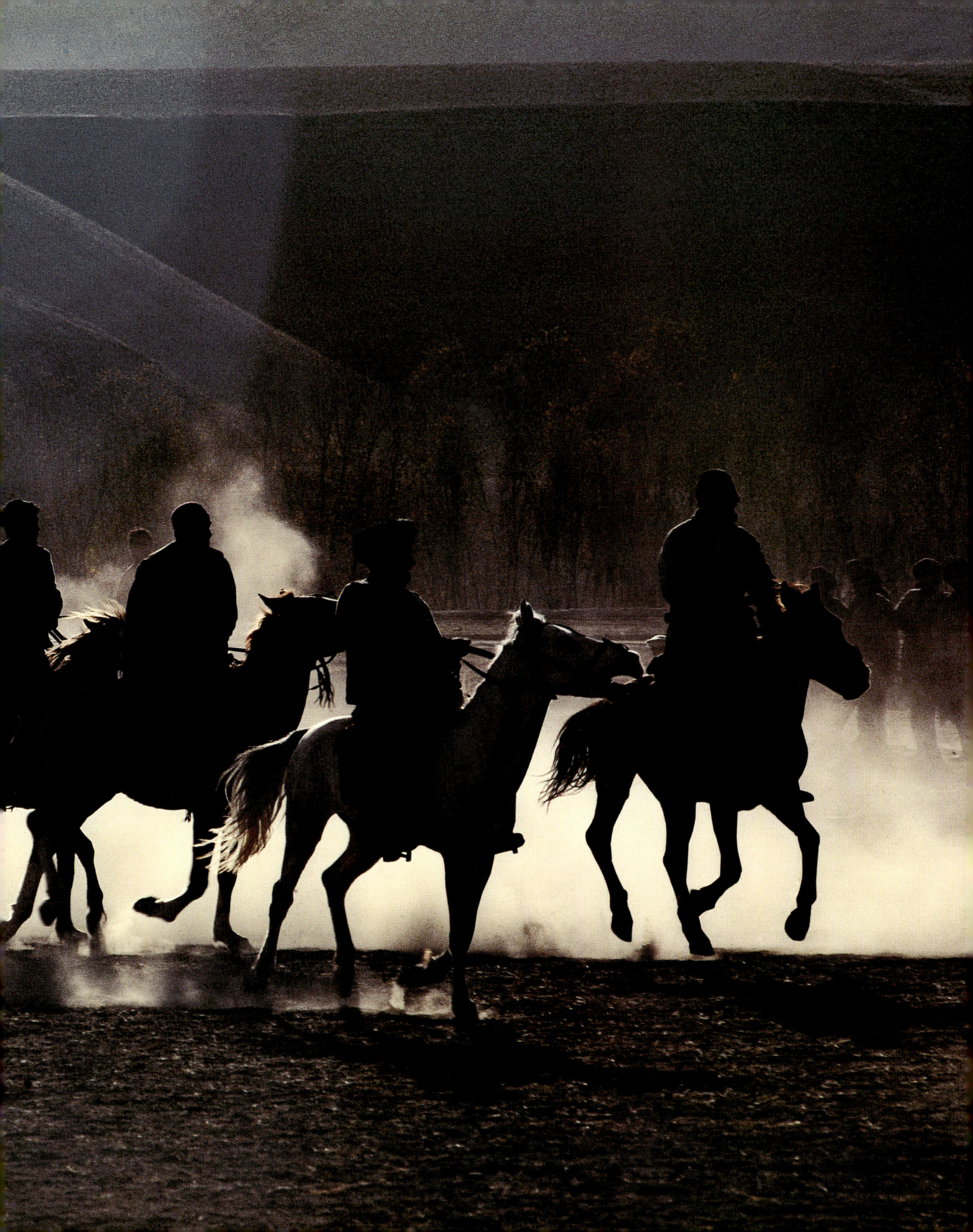

« Herat devient dès lors la cité aimée des poètes, des mystiques et des artistes », comme la vantait l'artiste Sultan-Ali à la fin du XVe siècle. Les rues, larges et ombragées, sont remarquablement propres, signe d'un malin plaisir du maître des lieux, et les policiers et agents de la circulation sont innombrables. Exerçant le pouvoir d'une main de fer depuis les années 1990, comme depuis des siècles tout émir régnant sur la contrée et notamment Tamerlan, Ismail Khan a chassé de la ville ceux qui le gênaient, en particulier les bandits, même si on échange encore quelques coups de feu la nuit dans les rues, du moins entre partisans de l'émir et partisans du président afghan Hamid Karzaï, et les commerçants y trouvent leur compte, qui sont revenus en nombre, y compris au côté des trafiquants et bandits officiels passés maîtres dans l'art de franchir la frontière. Il est vrai que l'oasis d'Herat a toujours cultivé un certain goût pour l'émancipation face à l'Empire perse ou à Kaboul, et ses habitants ont tenu à se doter d'un nouvel impôt, sur le sucre, afin de procéder eux-mêmes au renouveau de la ville, portée à la fois sur les douceurs et les tueries. Puis Ismail Khan a connu le sort des seigneurs de la steppe : évincé par Kaboul, il n'est plus que l'ombre de lui-même.

Herat est-elle autre chose, l'ombre d'elle-même, fût-elle sacrée, avec ses minarets qui penchent à en tutoyer non plus le ciel mais la terre poudreuse, avec ses châteaux en ruine, ses forteresses lézardées ? Hier Florence de l'Asie, la cité s'est muée en ville de contrebande, celle des biens en provenance d'Iran, de la drogue qui transite par ses portes, des camions qui sillonnent le nouvel empire des steppes. À regarder Herat du haut de la *masdjed-e Djâme*, la mosquée du Vendredi, le voyageur croit voir une double patte, propre à la route de la Soie : l'empreinte du menu commerce et un dessin d'intrigues planant au-dessus de la cité, un grand jeu qui la dépasse largement. Les contrebandiers et les trafiquants sur cette longue piste ne sont eux-mêmes que les instruments d'autres intérêts, le pétrole de l'Asie centrale, la drogue à l'échelle planétaire, le commerce des armes, les arrière-cours des grandes puissances. L'esprit des principautés et baronnies demeure, qui empêche les Kurdes étalés sur cinq pays de s'émanciper, qui interdit aux Afghans de se relever, plonge les Ouïgours dans la surenchère martiale, amène les peuples d'Asie centrale à se vautrer dans la corruption en oubliant leurs désirs de liberté, lorsqu'ils se sont affranchis de la tutelle russe. À Douchambe, à Almaty, Achgabat et Bakou perdure la tradition des roitelets, pour le plus grand bonheur des anciens suzerains, russes, iraniens ou chinois. L'empire des steppes a perdu ses empereurs pour ne garder que de mauvais satrapes.

À gauche

Des flancs des montagnes de l'Himalaya aux rives de l'Helmand, les champs sont recouverts de délicates fleurs blanches ou rouges. Cette vision bucolique cache une toute autre réalité : la culture du pavot.

À droite

Dans la zone tribale pachtoune de Mohmand, les bulbes des pavots à opium tenus par ce jeune paysan ont été scarifiés. Une fois sèche, la sève suintante extraite donne l'opium brut, et les bulbes asséchés seront utilisés pour des infusions.

Escales de haute solitude

Sur la route de la Soie, Herat représente une halte bénéfique, qui renvoie non seulement à Florence mais aussi à Istanbul. Ici, le Bosphore est remplacé par une mer de sable, une steppe de poussière et de terre fine qui rappelle à l'homme son humilité. Herat a gagné sa gloire par le glaive puis par les arts, fidèle en cela à la tradition des conquérants des steppes. Ses monuments, ses cinq minarets et le mausolée de Gawhar Shâd furent longtemps connus dans toute l'Asie et jusqu'aux confins de l'Orient, celui de la Méditerranée, un Orient qui, vu d'Herat, n'est pas proche.

Là encore, la parole des sages a permis de *lisser* ce pont entre guerre et esthétique. Les soufis se sont installés à Herat et célèbrent encore la mémoire du poète soufi Ansâri qui vécut au XIe siècle, au sanctuaire de Gazar Gah, non loin de la ville, en émettant des cris rauques qui résonnent dans les lézardes des murs et jusqu'au ciel étoilé. Doté d'un immense portail de trente mètres de haut, les murs recouverts de faïence, l'édifice rappelle toute la splendeur des Timourides, qui aimaient les lettrés, les peintres et les sculpteurs.

Pendant leur sinistre règne, les talibans avaient banni de tels rites. Alors les soufis se réunissaient en cachette, chez l'un, chez l'autre, dans des maisons loin de la ville et des oreilles indiscrètes. Ils ont repris à leur enseigne la méthode des soufis de Perse et d'ailleurs qui ont transmis savoir et poésies de tolérance sous le manteau, afin de préserver les hommes de davantage de folie. Ils ont aussi véhiculé les vers de Rûmî : « Viens vers nous agréablement, / Homme, nous sommes agréables / Et nous sommes ton eau de vie / Malgré notre forme de feu. » Dans le même poème, Rûmî évoque la fatalité meurtrière de l'homme qu'il faut combattre : « Car nous sommes comme le destin / Nous tuons innocemment. »

La portion de la route de la Soie qui traverse Herat, ville magique dont le mythe ne demande qu'à revivre, réserve bien des surprises. Sait-on à l'autre bout de la route qu'ici régna au XVe siècle une femme mécène des artistes ? Belle-fille de Tamerlan, Gawhar Shâd, dont le nom signifie « Joyau Joyeux », invita à la cour lettrés, savants, peintres, miniaturistes. Cette femme remarquable donna un peu plus de lustre encore à Herat en la dotant de mosquées et de madrasas. Elle protégea les écrivains, et sous son aile le poète persan Djami, le plus fameux des écrivains timourides, disciple

De part et d'autre des montagnes de l'Hindû Kush, la résine de cannabis, qui est appelée haschisch, est une spécialité très appréciée. Les disciples du malang, *un ermite, consomment ensemble le haschisch dans une pipe à eau. Nombreux ont été les voyageurs qui ont perdu leur route dans les volutes des drogues offertes.*

d'un maître soufi de la branche des naqshbandis, écrivit ses plus beaux poèmes, ainsi qu'une somme sur les poètes soufis. On retrouve le nom du même Djami inscrit dans la façade du *tekké*, le couvent où repose le corps de Rûmî à Konya, en Turquie : « C'est ici le Temple des amoureux de Dieu. Ceux qui sont venus imparfaits sont devenus accomplis. » Superbe illustration de l'esprit de la route de la Soie, qui flotte ainsi jusqu'au fin fonds de l'Anatolie et que chantent les voyageurs d'aujourd'hui.

Gawhar Shâd fit bâtir maints monuments dans la contrée, et jusqu'à Machad où les Iraniens la vénèrent encore. Les chroniqueurs anciens la décrivent même comme la Bilqîs de son époque, la Reine de Saba. Les talibans n'osèrent s'attaquer à son mausolée. Le visiter aujourd'hui procède d'une vénération pour les femmes qui défendent leurs droits en Afghanistan.

Gageons que « Joyau Joyeux » de son temps a dû se battre elle aussi. À la mort du shah, la reine d'Herat ne peut adouber son fils, un peu trop porté sur l'alcool, penchant qui ne semble pas provenir de la poésie de l'ivresse d'Omar Khayyam. Les princes la surveillent, se disputent pour le pouvoir. Elle ferraille dur, tape du poing sur la table et répond à sa manière, par le mécénat, la grandeur des âmes, un message universel qui se perpétue encore aujourd'hui. Son message s'envole alors vers les steppes, depuis l'oratoire en plein air que l'on voit dans le complexe de Musallah.

Herat la méconnue, Herat la méprisée... De toutes les cités des steppes que fréquentèrent les voyageurs de la route de la Soie, Herat est sans doute celle qui mérite le plus de rappeler sa grandeur passée. Le béton n'y est pas roi, un esprit rebelle y flotte encore, le concept de cité-État lui va comme un gant, pour le meilleur et pour le pire.

Ville rebelle mais aussi ville éponge ! Herat absorba nombre de cultures au fil des siècles et les restitua à sa manière, digérées, hybrides. Quel meilleur destin pour celle qui fut Alexandrie d'Asie, construite par Alexandre le Grand en route vers l'Indus... Sous les Grecs conquérants, la cité fut plus qu'une halte dans la steppe. Elle avait pour elle une propension à diffuser vers les plaines et les montagnes l'art grec et à ne pas rester qu'une satrapie. En devenant le berceau des arts d'Orient sous les Timourides, le pari fut accompli. Puis Herat sombra dans l'oubli.

Ce désir de brasser les cultures, Herat va le diffuser à son orient, vers Bamyan. La piste qui y conduit est fort mauvaise, dangereuse, fréquentée par des trafiquants et bandits de grand chemin. On y sabre le voyageur pour pas grand-chose. On y détruit aussi les statues, plus compliquées à trucider que l'homme mais plus chères aussi sur le marché des sombres négoces.

Pourtant, même détruits, les Afghans vénèrent encore les deux grands bouddhas dont la présence perdure étrangement dans les

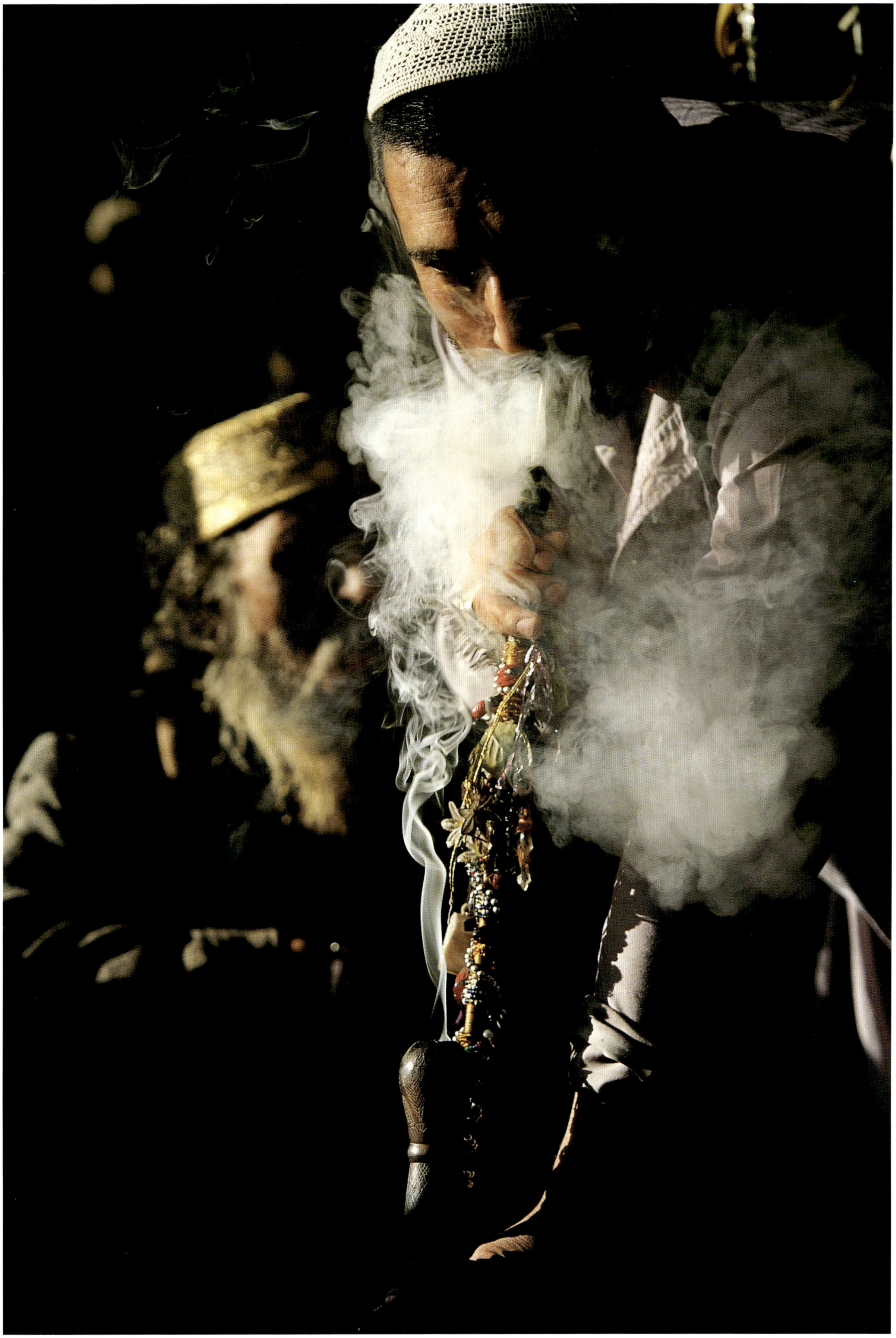

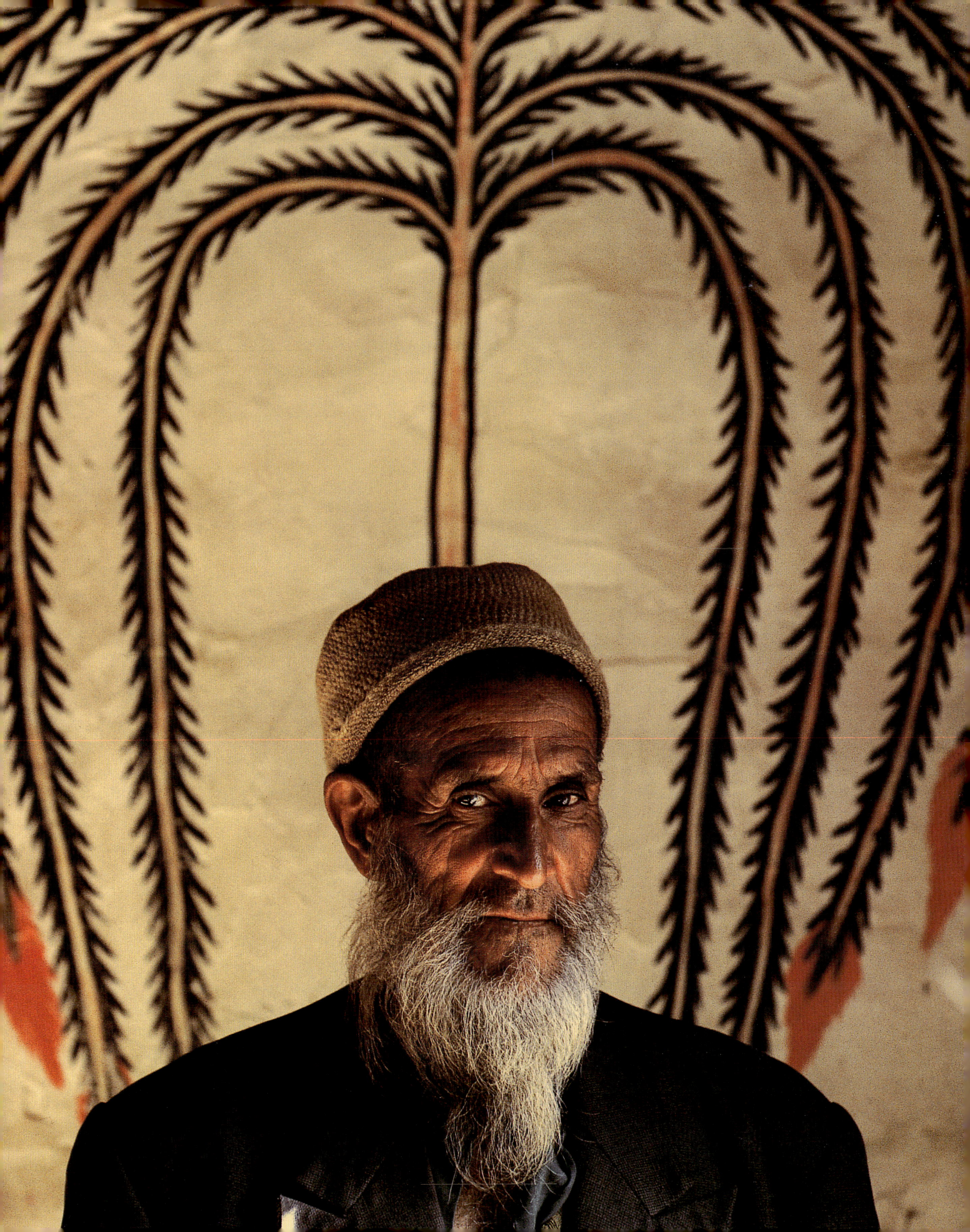

Tapis colorés, céramiques des mosquées, calligraphies délicates, devant lesquels s'émerveille le voyageur sur la route de la Soie, contrastent souvent avec l'aridité ou la monotonie de certains paysages traversés. En Afghanistan, cet homme se tenait devant la représentation d'un arbre de vie.

sarcophages béants. Les niches sont creusées dans la montagne de grès rouge, à deux mille cinq cents mètres d'altitude, et colportent un message pour les voyageurs venus contempler le désastre, le message des bouddhas massacrés, l'iconoclasme par excellence, la destruction de la parabole de tolérance. Taillés dans la roche au cours des premiers siècles après Jésus-Christ, les bouddhas de Bamyan ont longtemps représenté la rencontre de deux mondes, celui de l'art grec et celui du bouddhisme. Nulle représentation de la figure de Bouddha avant l'arrivée des sculpteurs, qui ont saigné la montagne à coups de masse et de ciseaux, sur trente-huit et cinquante-cinq mètres de haut. En mars 2001, six mois avant la destruction des deux tours de Manhattan, les briseurs d'idoles ordonnent la mort des bouddhas. Détruits, pulvérisés, explosés, une semaine durant, disent les habitants du bourg en contrebas, membres de l'ethnie des Hazaras. Les talibans avaient planifié leur geste de destruction de longue date, en posant un câble d'explosifs derrière les statues. Les miliciens au turban noir ne voulaient pas seulement détruire les images de pierre, les représentations des hommes ou des dieux, ils voulaient aussi briser l'amour. Or les bouddhas symbolisaient précisément cet amour, et la première rencontre entre le monde d'Occident et le monde d'Orient. Détruire les bouddhas, c'était couper les ponts avec l'Autre.
Lors d'une première tentative au temps des talibans, l'un des gourous de l'iconoclasme, le commandant Abdul Wahid, s'était déjà intéressé aux bouddhas. Il veut les mater, leur faire rendre gorge, et même briser leur âme qui défie les siècles et le dogme. Un matin, fou de rage, il tire au canon sur le petit bouddha, que les talibans appellent le bouddha femelle, et vise la tête puis les parties génitales. Au grand bouddha, on promet une belle leçon : lui brûler l'œil avec des pneus suspendus au-dessus de son crâne. Un œil au beurre noir souligne dès lors le regard de la sérénité et de la tolérance.

Quelques années plus tard, le peuple des iconoclastes récidive. Sur cette route de la Soie, les totems de la paix s'avèrent trop dangereux, porteurs d'amour et d'espérance. Les bouddhas sont achevés, pulvérisés, leurs restes convoyés vers le Pakistan, fresques, bouts d'oreille, peintures dans les grottes attenantes. Il ne doit plus rien rester de la parabole de paix lancée par les stylistes de l'art gréco-bouddhique. Les bouddhas sont morts, et les esprits sont enchaînés.
Les Afghans ont alors tendu la main vers l'Occident et l'Occident a rechigné. Quoi, vous nous demandez de sauver les pierres ? Mais il vous faut d'abord sauver les hommes et les femmes ! Et comme nous ne pouvons vous sauver, il faudra attendre. Mais les Afghans ont à nouveau tendu la main. Sauver les pierres, c'était sauver leurs âmes, et l'âme du monde aussi, cristallisée dans les falaises de grès, l'âme de la tolérance et de l'acceptation d'autrui. Les femmes afghanes se sont battues, ont résisté à mains nues contre les talibans, ont enseigné à leurs enfants et aux voisins au mépris du danger, ont voulu sauver aussi les grandes statues minérales. Mais l'Autre est resté sourd à leurs appels. Les bouddhas ont été abandonnés à leur triste sort.
Des sages tentent de retrouver cet esprit sur la route de la Soie, et en particulier dans les montagnes afghanes, à l'instar du gouverneur de Maydan Shahr. Sa province, le Wardak, est assiégée par les nouveaux talibans, renforcés par des supplétifs en armes, des contrebandiers, des trafiquants d'opium. La main sur le cœur, la parole abondante, Abdul Jaabar Naeemi veut encore croire à l'esprit de concorde. Il passe son temps à palabrer, se rend dans les villages, parle de l'Autre, évoque l'espoir de l'horizon de demain, celui précisément que colportaient les bouddhas. Au péril de sa vie, il grimpe dans les montagnes et multiplie les *chouras*, les conseils tenus par les vieux des villages à barbe blanche. Tel était le message de Rûmî, semblable à l'esprit des bouddhas : « J'ai vu que tu étais le miroir universel pour toute l'éternité : / J'ai vu dans tes yeux ma propre image. »

ASIE CENTRALE *Mille et un contes*

Ce jour-là, les pigeons blancs devant la mosquée en céramique bleue de Mazar-e-Sharif ont repris leur droit de cité. Les festivités de Nowrouz, le Nouvel An persan célébré le 21 mars de chaque année, sont terminées : les hommes et leurs chevaux sont au repos, après avoir combattu dans le jeu du bozkashi, les transes se sont tues, la foule est partie. Au petit matin, le calme est revenu sur l'esplanade, les pigeons sont les seuls témoins d'un rituel étrange : la marche précipitée d'une femme autour de la mosquée sacrée comme gage de fertilité. Demain, elle sera là pour accomplir quarante tours de la mosquée pendant quarante jours.

Mille et un contes

Sur la route qui mène à Kaboul, on croise des portraits immenses d'un homme soucieux. Assassiné deux jours avant le 11 septembre 2001, Ahmed Shah Massoud est désormais vénéré dans toutes les villes afghanes. Lui aussi prônait une parole de tolérance, du moins à la fin de sa vie, malgré les erreurs qu'il reconnaissait, la guerre à Kaboul, un passé de fondamentaliste. Les icônes furent détruites hier à Bamyan, aujourd'hui elle servent à réconcilier les ennemis. La mort du « Lion du Panchir » aura au moins servi à ce que les rivaux fraternisent.

Massoud avait appelé le monde à l'aide pour sauver la culture afghane. Là encore, les doléances de la route de la Soie étaient restées sans réponse. L'Occident ne voulait pas s'intéresser aux symboles d'une vieille osmose, à l'heure où les Cassandres promettaient un affrontement des civilisations.

L'iconoclasme pourtant n'est pas une tradition sur la route de la Soie. Pendant des siècles on y célèbre au contraire la peinture figurative et les miniatures, portées aux nues de la création par les artistes musulmans. Parmi ces miniatures, l'œuvre la plus ancienne retrouvée à ce jour date probablement de 710-715, en provenance de Damas. Des peintures murales de Samarra, en Mésopotamie, et de l'Égypte des Fatimides figurent aussi parmi les bijoux de l'art islamique. Nul prosélytisme de l'islam par ces œuvres. Peu à peu s'est constituée une tradition œcuménique, une volonté de *transmettre*. Ainsi des savants et lettrés ont-ils pu adapter les antiques fables des Indes, devenues *Kaliwa wa Dimma*, dans un livre commandé par le roi de Samarcande, Nasr ibn Ahmad, au IXe siècle, qui fit venir à sa cour

ASIE CENTRALE *Mille et un contes*

ASIE CENTRALE *Le cercle béni*

La rivière porte le nom de « Panj », ou « Panjé », qui signifie en persan « cinq » et aussi « main de l'homme », telle une griffe qui serpente entre les deux pays qu'elle sépare. Le Panj est ainsi une frontière naturelle entre le Tadjikistan et l'Afghanistan. Dans ces deux pays, de part et d'autre de cette rivière, vivent les ismaéliens, de l'ethnie tadjike d'obédience ismaélite dont le chef spirituel est l'Agha Khan.

une flopée d'artistes chinois. Au Xe siècle, des scribes de Perse dessinèrent des portraits de rois sassanides, ces souverains qui régnèrent de l'Euphrate à l'Indus bien avant l'avènement de l'islam, du IIIe au VIIe siècle. Des textes et illustrations deviennent même œcuméniques, dans la tradition de Rûmî, tels ces manuscrits et peintures de Bagdad, de Damas et de Mossoul. Les canons de l'art byzantin sont présents dans ces œuvres, de même que des références aux Évangiles syriaques. Rûmî dès son plus jeune âge aurait-il influencé ces artistes ? Gageons encore une fois qu'il s'agit de *l'esprit* de la route de la Soie qui, au XIIIe siècle en particulier, du vivant de Rûmî, mais aussi longtemps après, relia les hommes, les cultures et leurs croyances. Il en va ainsi du manuscrit *Maqâmât* (*Les Recueils*) d'Al-Harîrî, reproduit en 1237 par les copistes de la fameuse bibliothèque de Bagdad. À cette époque de magnificence pour l'Orient, les califes abassides accueillaient les penseurs et philosophes grecs, ordonnant la traduction en arabe des œuvres classiques, envoyant des émissaires dans le monde et jusqu'aux confins du Maghreb pour que ces paroles universelles soient connues.

Peu à peu, l'art de la miniature s'enrichit de ces apports et de ce cheminement des idées, des contes, des récits épiques. Au XIVe siècle, le raffinement atteint des sommets. Des enluminures, des bestiaires, des angelots, des femmes aux bras nus viennent orner les ouvrages. Au début du XIVe siècle, on copie le célèbre *Châhnâme*, le *Livre des rois* de Firdoussi, né en 932 à Tus, près de Nichapour dans le Khorassan, l'actuel Iran, et mort au même endroit en 1020. Firdoussi était un poète taquin, prolixe, qui écrivait plus vite qu'il ne parlait, et qui a composé pour cette saga soixante mille distiques, en six parties. Le *Livre des rois* se moque aussi des rois.

Les arts de la route de la Soie ont ceci de particulier qu'ils ont à la fois respecté les souverains et rappelé leur petitesse. De Kubilaï à Soliman le Magnifique, de Shah Rokh Mirza à Mehmet II, les puissants ont certes cherché à s'immortaliser en commandant peintures, miniatures et sculptures. Mais ils ont aussi voulu perpétuer cette morale propre aux caravansérails de la longue piste. Une certaine émulation a ainsi rebondi de ville en oasis, de fortin en palais. Les artistes ont rivalisé de talent pour croquer la vie de leur cour mais aussi pour que perdurent la parole et le dialogue, par-delà les empires qui sont, comme les civilisations, tous mortels.

Le cercle béni

Au-dessus de la vallée du Panchir, après avoir dépassé le col d'Anjoman de quatre mille trois cents mètres, inaccessible une bonne partie de l'hiver en raison des neiges, le voyageur découvre une contrée méconnue, le Badakhshan. C'est l'une des provinces les plus reculées d'Afghanistan. Des fonctionnaires mettent onze jours à pied pour descendre du district de Darwaz afin de rendre visite, un peu essoufflés, au gouverneur et lui soutirer au passage quelques deniers, un homme *a priori* débonnaire qui siège dans une maison cossue de Faizabad entourée d'un vaste jardin ombragé. Le temps semble y être immuable. L'éternité a saupoudré ses montagnes dans le cœur des hommes.

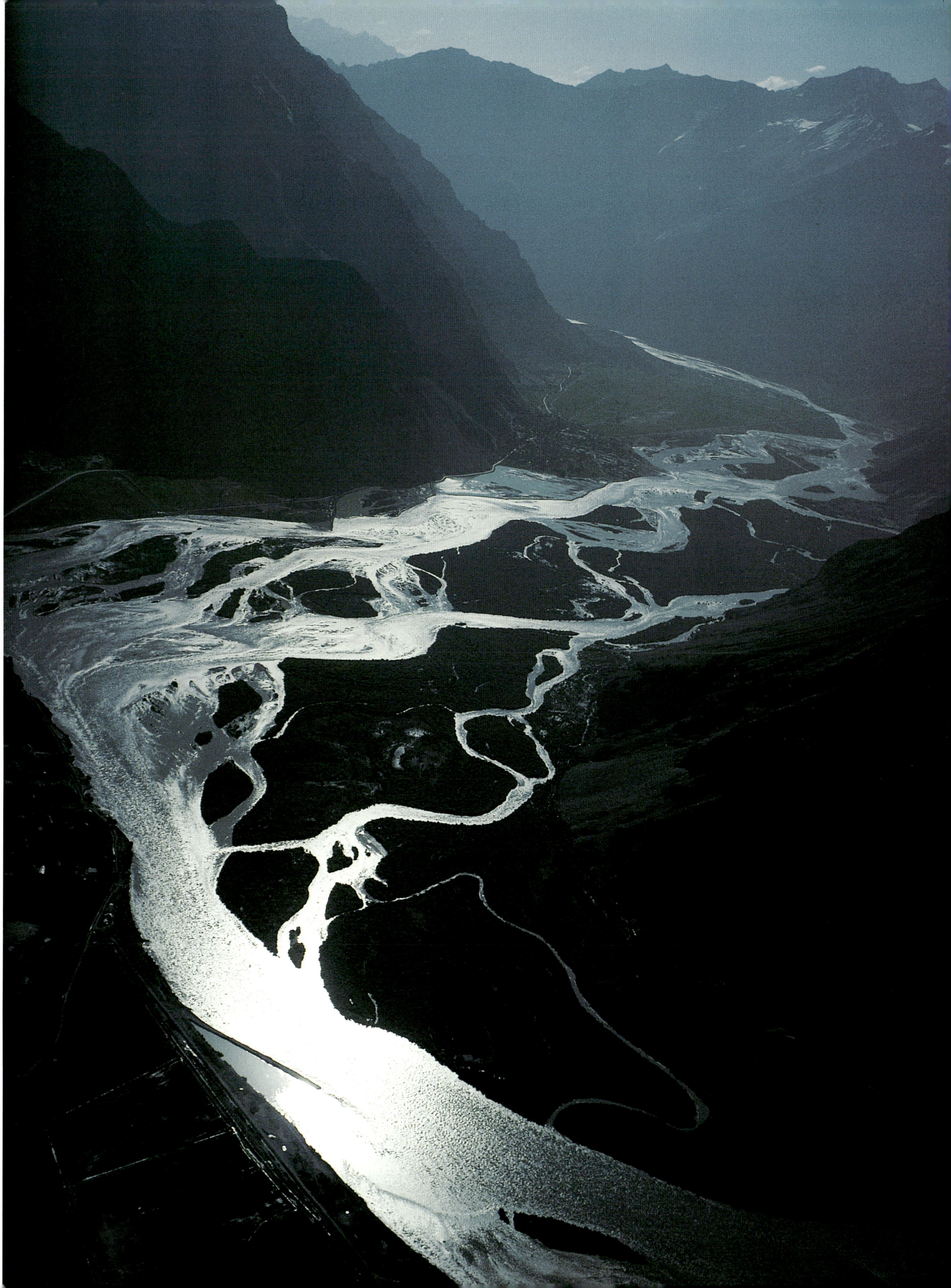

Malgré la guerre, malgré la petite république installée pendant le djihad par Massoud, les traditions n'y ont guère changé. Deux constantes frappent le voyageur pénétrant dans ces hautes vallées. D'abord le bozkashi, qui perdure depuis des siècles. Deux équipes à cheval se disputent le cadavre d'une chèvre décapitée, placée au milieu du terrain dans un cercle appelé le « cercle béni ». Rudesses, virilité, coups de cravache, jurons, appels à Dieu ponctuent le jeu, qui se prépare souvent pendant une année. Sur les pistes du Badakhshan, on croise des camions chargés de beaux chevaux, qui s'en vont à l'entraînement ou se préparent au jeu suprême.

La seconde tradition est tout aussi ancienne : la culture du pavot. De ces corolles jaunes, blanches et rouges sort un suc épais et brunâtre, l'opium, qui sert à fabriquer l'héroïne. Marco Polo au XIIIe siècle avait rapporté que la fleur de pavot pullulait dans ces contrées proches du Pamir, des contrées pourtant hostiles à la présence de l'homme : « Par cette plaine on va chevauchant douze journées et elle est appelée Pamir. Pendant ces douze journées, on ne trouve ni habitation ni auberge, mais c'est un désert tout le long de la route, et l'on n'y trouve rien à manger : les voyageurs qui doivent passer par là, il convient qu'ils emportent avec eux leurs provisions. Là ne sont aucuns oiseaux, à raison de la hauteur et du froid intense, et pour ce qu'ils n'y pourraient rien trouver à manger. De plus, je vous dis qu'à cause du grand froid, le feu n'est pas aussi clair et brûlant, ni de la même couleur que dans les autres lieux, et les viandes ne peuvent pas bien cuire. »

Le pavot a essaimé. La guerre a poussé les paysans à se lancer dans le commerce de l'opium, comme Ahmed dans la vallée de Jurm, haut lieu des trafiquants : « C'est le meilleur moyen pour vivre, à cent quarante dollars le kilo. Cela rapporte dix fois plus que le blé. » Même les mollahs s'adonnent à la culture des opiacées, « la fée verte » de Jarry. À Faizabad l'opulence est manifeste, une richesse mélangée à une tradition guerrière et janséniste. La prière des mosquées sourd de ses entrailles, en délicatesse, et cette sérénité des hauteurs contraste avec l'effervescence de la steppe, les incantations des islamistes, les bruits martiaux de l'autre côté des montagnes. Faizabad est bien l'antichambre des paradis artificiels

À gauche

Dans la vallée du Panchir, les maisons se confondent avec la terre sur laquelle elles ont été bâties. Dans ces villages des hauteurs où combattit le commandant Massoud, souvent l'homme et le pisé semblent ne faire qu'un. Quand l'homme apprit à voler comme un oiseau, sa vision du monde et sa relation avec la découverte changèrent.

À droite

Reste en Afghanistan cette poésie de l'image qui surprend au détour de la route, quand un vieil homme sorti d'un autre temps, d'un autre siècle, apparaît dans l'embrasure d'une maison en terre, comme une incarnation des Mille et Une Nuits.

dont on m'avait parlé à Paris. Cet opium tant recherché, ces champs de pavot « sournois et pernicieux » qui hantaient les nuits sans sommeil de Desnos semblent illusoires sur les rives de la Koksha : les habitants de l'oasis restent silencieux, comme si une loi secrète scellait leur destinée.

Dans les vallées de la contrebande, l'*omerta* est reine. Les prisons demeurent vides, les policiers sont corrompus, les fonctionnaires ferment les yeux et tendent la main. Massoud, lui, ne tolérait pas le trafic, même si maints de ses commandants en profitaient, dont Najmuddin, de la vallée de Jurm. Aujourd'hui, l'ancien préfet de police de la résistance, Gholam Khan, semble avoir oublié les trafics que ses hommes avaient repris : dix pour cent de taxe pour le parti Jamiat Islami sur les récoltes de pavot et dix pour cent supplémentaires pour le transport. S'il a la mémoire courte, c'est sans doute parce que Gholam Khan œuvre désormais dans l'humanitaire. Il fait profil bas, sait-on jamais. La compassion masque parfois les vieilles infamies.

Longtemps arrière-cour de la résistance afghane, le Badakhshan est devenu le laboratoire de ces stupéfiants. Depuis les hautes vallées aux oasis cachées, bercées par le vent des cimes et irriguées par des torrents clairs, la drogue inonde le monde en contrebas. Quatre-vingt-douze pour cent de l'héroïne mondiale provient d'Afghanistan. Les royalties sont énormes, même si la majeure partie des profits est engrangée en chemin par les dealers, contrebandiers, passeurs et mules. L'inspecteur Zia se frotte les mains. Lui-même a empoché sa commission lors d'une récente transaction. Quant à l'ingénieur Moussa, arrêté dans sa jeep qui transportait plus de trois tonnes d'héroïne, il a pu repartir tranquille, après avoir offert un beau pactole aux policiers.

Ce mélange hybride de rébellion et de contrebande illustre combien la route de la Soie reste chaotique. Tandis que des sages soufis prêchent la tolérance dans une maison ancienne, un mollah de la vallée de Faizabad compte ses billets : lui aussi cultive le pavot et trafique l'opium. Cette année, il est heureux : la récolte a été bonne et il peut envoyer à La Mecque une centaine de fidèles producteurs comme lui de paradis artificiels.

ASIE CENTRALE *Le cercle béni*

Les livres sont rares, précieux et souvent
enveloppés dans des tissus protecteurs.
Les manuscrits écrits à la main par des maîtres
calligraphes, décorés d'enluminures ou
de miniatures, ont traversé les siècles dans
leurs parures modestes. Textes religieux
dans l'école coranique de Pir Baba ou écrits
du Persan Avicenne, célèbre médecin,
mathématicien, astronome de son temps,
dans un hôpital de Kachgar au Turkestan
oriental, ces livres restent des témoignages
inestimables.

La mosquée de Mazar-e-Sharif est un lieu
de silence et de sérénité. Des femmes recouvertes
de la burka, assises sur les tapis, demandent
une guidance spirituelle à l'imam et les hommes
y prient avec ferveur. Le temps est à
la méditation.

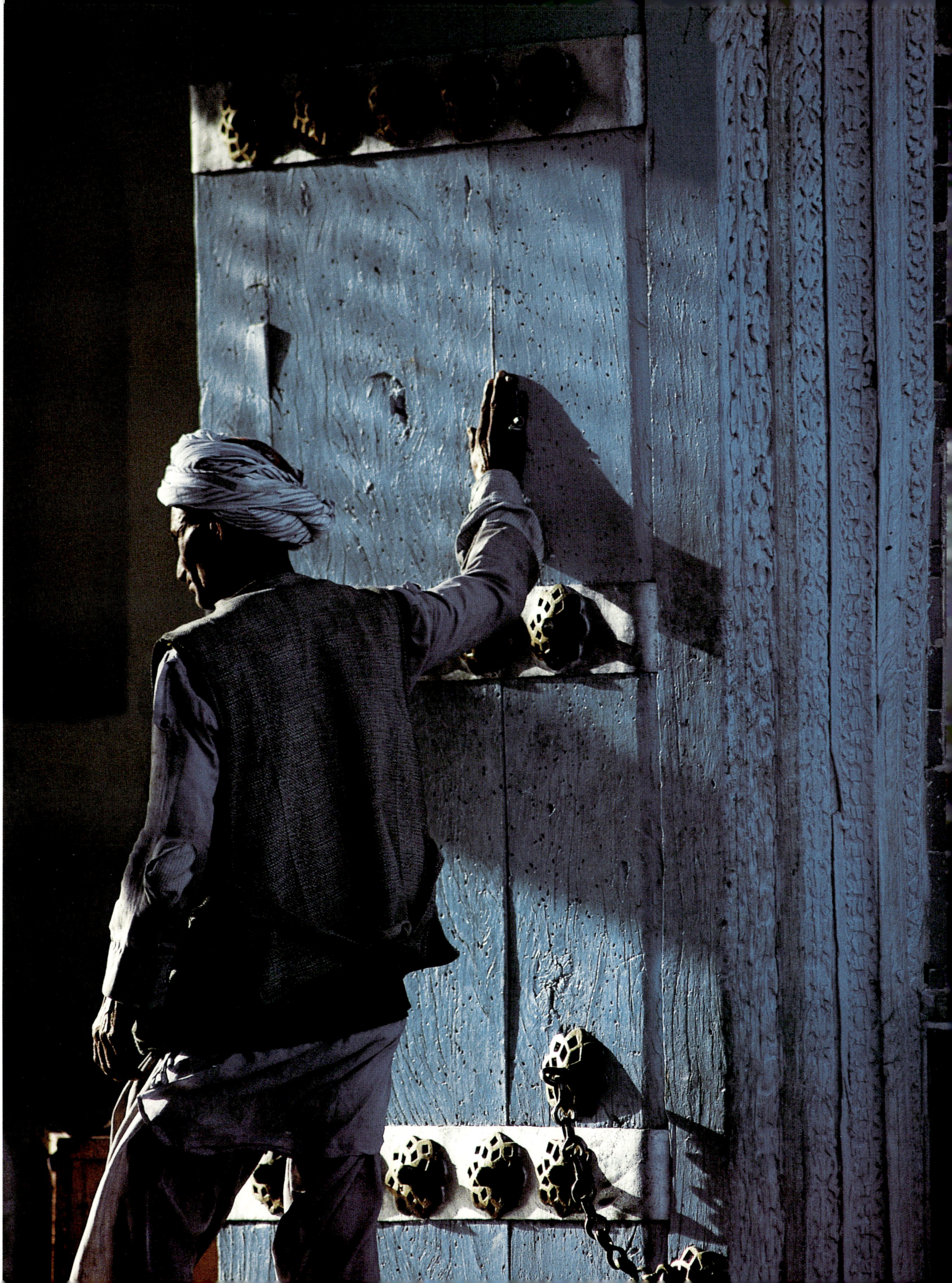

Le roi et le mendiant

Sans doute faut-il retenir du passage au Badakhshan une autre morale : le jeu d'échecs. Dans les masures afghanes, on y joue encore, à l'instar de Massoud pendant et après la guerre. Le « Lion du Panchir » trouvait dans ce jeu une possibilité d'intense réflexion et une propension certaine à la stratégie. Sur la route de la Soie, les empires se sont disputé l'origine du jeu. Il est perse, disent les Iraniens, qui plaisent à rappeler la légende du roi sauvé d'une rivière en crue par un mendiant. « Que veux-tu, mendiant ? Dis-moi, je suis roi, et mon royaume est à toi. – Je veux que tu places sur un plateau nommé échiquier un grain de riz et que tu doubles la mise à chaque case. – Comment, mais c'est ridicule ! Tu ne veux que cela ? – Que cela, Sire. – Demande-moi plutôt un château, des chevaux, des terres, une province. Ne me rends pas mesquin ! – Que cela, Sire. – Bien, tu l'auras voulu, et tu devras t'en contenter. » Le roi fit apporter quelques grains de riz. Très vite ses serviteurs s'aperçurent que tous les greniers du royaume ne suffisaient pas à remplir les cases, qui exigeaient des montagnes de grains. Le roi fut ruiné et le mendiant devint roi grâce à un échiquier. Une autre variante existe, celle du brahmane Sissa qui présenta au roi Belkib un jeu pour tromper son ennui.

Au bout de la route de la Soie, les Indiens revendiquent eux aussi la paternité du jeu. Satyajit Ray tourna un film magnifique, *Les Joueurs d'échecs*, et on s'évertue à raconter sur les bord du Gange que le jeu est millénaire. Son ancêtre se nomme le chaturanga, qui mêle la concentration à l'art de la conquête, et dont on retrouve les traces dans des écrits du Ve siècle. Sur la route d'Orient, artistes et miniaturistes peignirent maintes toiles et peintures représentant des joueurs d'échecs, dont celle du *Jeune Persan jouant aux échecs avec deux serviteurs*. Le grand poète persan Djami, qui fut maître de la confrérie soufie des naqshbandis, né à Djam en 1414, évoque lui aussi ce jeu dans un recueil illustré par la même miniature. Parfois, dans les caravansérails, on croise encore des vieux sages parlant de poèmes anciens et jouant aux échecs. Ils racontent alors que cela entretient l'esprit et aussi la flamme de la conquête, en toute quiétude, puisque le jeu apprend à rester maître de soi.

De l'Afghanistan au Turkestan oriental, la pauvreté a plongé les peuples dans une grande précarité. Volonté délibérée de gouvernements ou destinée, les conflits et les chaos ont fait oublier la splendeur passée de ces régions du monde. Reste de cette époque de la route de la Soie la notion du temps, les paysages, les vêtements, les coutumes, qui semblent ne pas avoir été altérés.

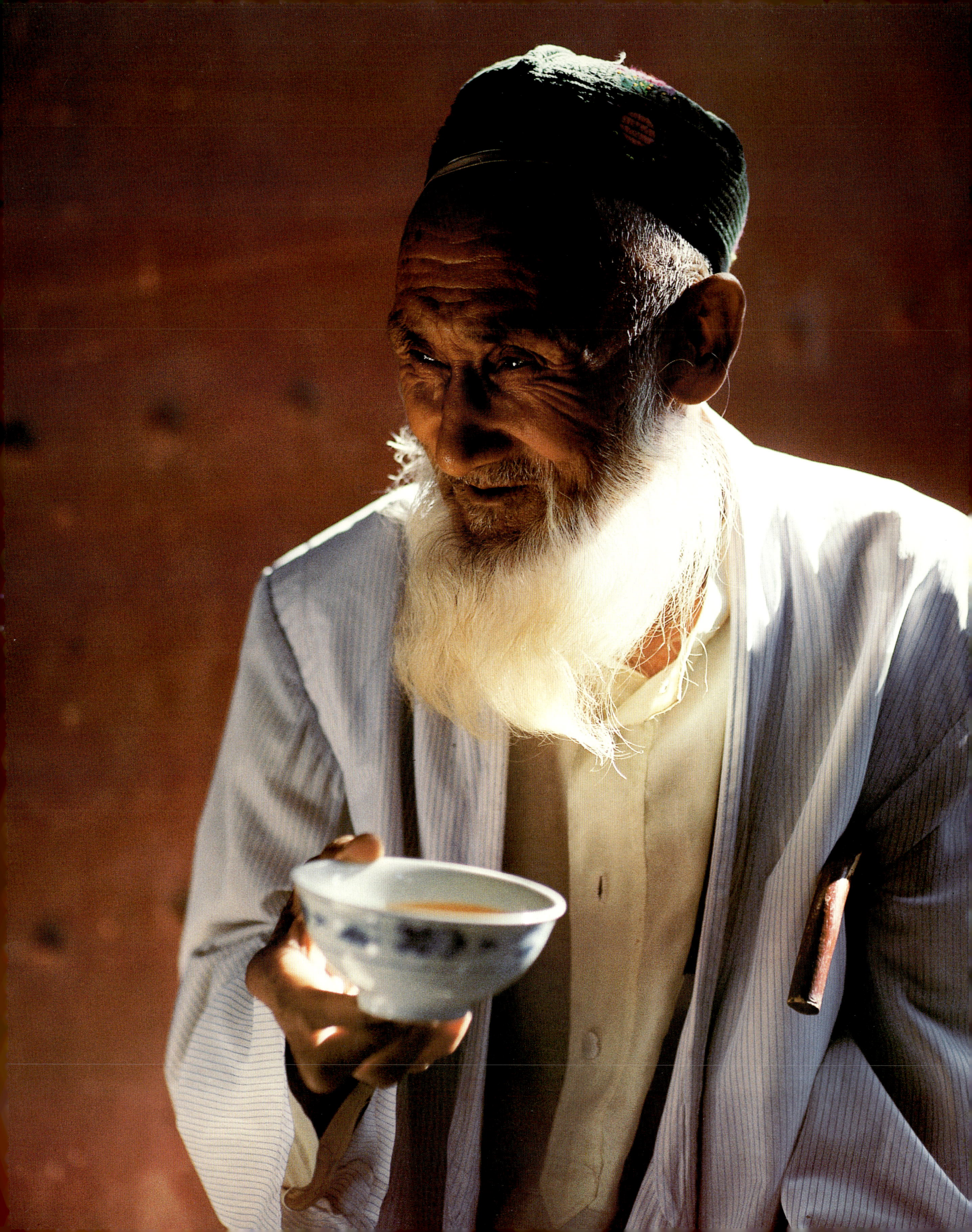

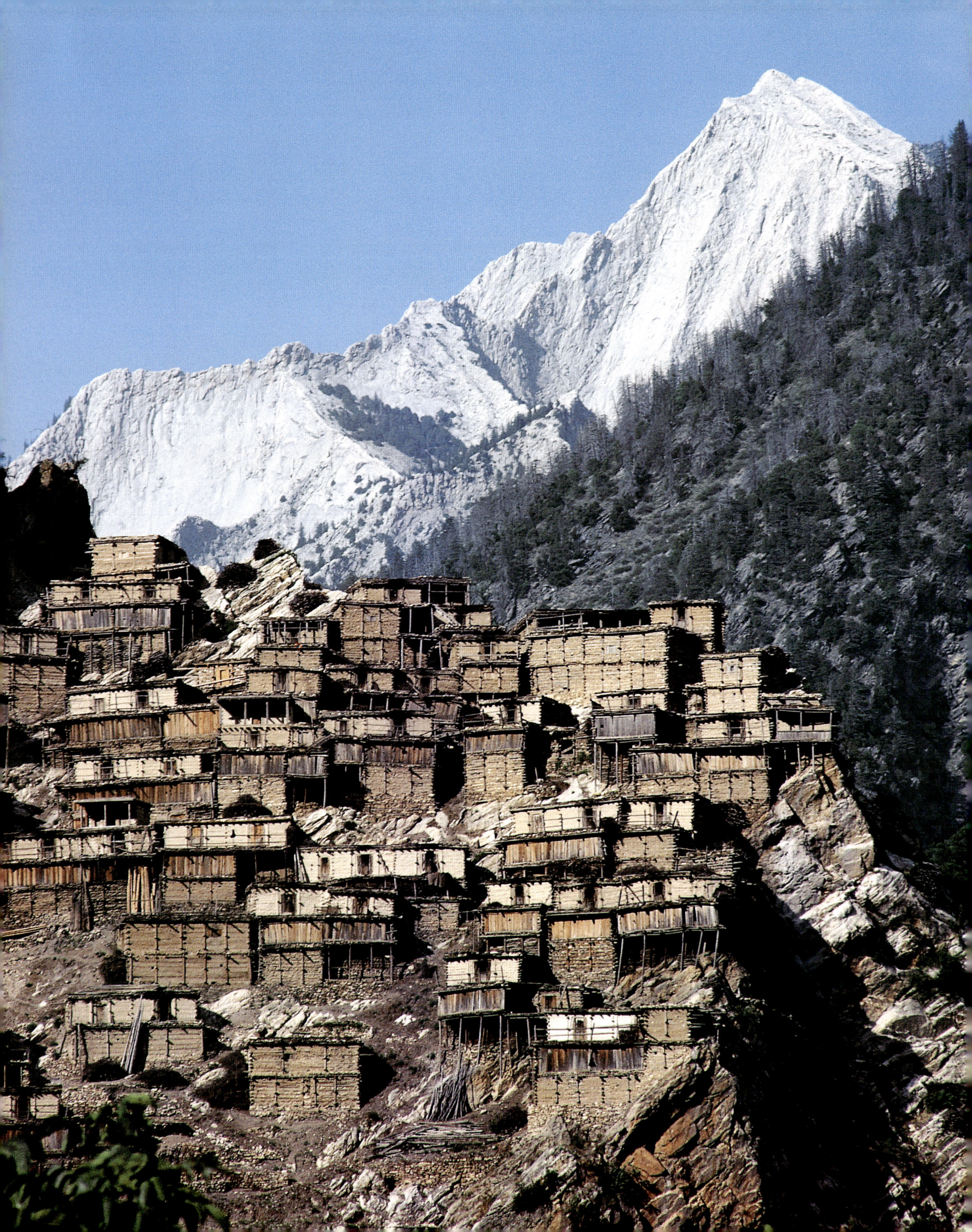

Le fief des tribus

Au-delà des steppes d'Asie centrale et des montagnes afghanes du Badakhshan, la route hésite. Que faire ? Pas question de franchir les hautes montagnes de l'Hindû Kush et de l'Himalaya. Nulle envie non plus, à l'instar de Marco Polo, de taquiner le terrible désert du Taklamakan, aride l'été, glacial l'hiver.

Sur les cartes anciennes, on trouve une déviation, longue telle une piste oubliée. Elle emprunte la route de Kaboul et franchit le col de Khyber. Entre des falaises ocre aux gorges profondes défilent toutes les armées conquérantes. Soldats d'Alexandre, hordes mongoles, cohortes de Huns, cavaliers de Perse se ruèrent à la conquête des Indes par cette trouée qui paraît dérisoire, battue par les vents. Les montagnes alentour sont devenues le royaume des contrebandiers et des tribus pachtounes. Les passeurs et rebelles se moquent tant de la frontière que l'on se demande où elle commence. C'est le règne tribal, côté afghan comme côté pakistanais.

Lawrence d'Arabie s'y aventura en 1928, non loin de Miranshah. Il avait quitté sa garnison de Karachi sous le nom de « caporal aviateur Shaw », un changement de nom entériné par son notaire Edward Eliot afin de fuir un officier qui commençait à lui causer des ennuis, pour se réfugier dans un petit fort du Waziristan à tours acérées et rempart crénelés, avec des mâchicoulis pour les mitrailleuses et les projecteurs, des portails de fer sous des vantaux en arcade, à neuf cents mètres d'altitude, sous une couronne de neige, loin de la notoriété, à la recherche du plus parfait anonymat.

Le fort de terre séchée se situe dans les parages de la frontière afghane. Pour les autres officiers et sous-officiers britanniques qui côtoient T. E. Lawrence, le séjour à Miranshah ressemble à une peine de prison, sans femmes, sans boutiques, sans distractions hormis la vue sur les collines ocre, quelques parties de tennis et l'écoute de disques sur un gramophone. Pour le caporal Lawrence, de la Royal Air Force, qui s'apprête à fêter ses quarante ans, c'est « comme un coin de paradis ». Il s'arrange pour être nommé secrétaire et taper ses rapports avec la plus grande tranquillité dans sa chambre aux murs de glaise orangée. Le temps se dilue et au bout de quinze jours Lawrence croit qu'il séjourne à Miranshah depuis des lustres, un sentiment idéal pour satisfaire le désir de solitude et répondre à son vœu sacrificiel. Il trouve auprès des Afghans qui entourent le fort une certaine sérénité. « Les gens sont amicaux mais sur leurs gardes : ce qui caractérise aussi notre propre attitude. Une vigilance armée. » Il ne songe plus à écrire des livres, il veut oublier ses fouilles archéologiques, ses campagnes militaires, il fuit les journalistes, à nouveau sur ses basques depuis que la biographie de Robert Graves, *Lawrence et les Arabes*, inonde les vitrines des libraires londoniens. Le caporal Lawrence n'a plus un sou en poche, hormis sa solde. Les ouvrages de l'aventurier d'Arabie, notamment l'édition privée des *Sept Piliers de la sagesse*, se sont pourtant vendus

ASIE CENTRALE *Le fief des tribus*

comme des petits pains en Angleterre et aux États-Unis, juste assez en fait pour régler ses dettes. Bon prince, il donne le peu qu'il lui reste à une fondation d'orphelins de l'aviation britannique.

Dans ces contrées hautement rebelles, alors qu'il récrit les brouillons qu'on lui tend, humble dactylographe qui dédaigne les avancements, tandis que les centaines de soldats indiens de la garnison s'en vont mater le cœur joyeux les tribus félonnes, Lawrence d'Arabie, que l'on pourrait précisément nommer à ce moment Lawrence d'Afghanistan ou du moins de la frontière d'Afghanistan, réalise que sa vie prend un autre tour, comme Rimbaud en Abyssinie. « Il est certain, écrit-il dans son taudis, que la course contre la montre est terminée. » Il craint que *Les Sept Piliers de la sagesse* n'aient été une orgie exhibitionniste et veut découvrir auprès des terres afghanes un huitième pilier, celui de l'oubli, comme il se doit. Dans une missive, il confie au rédacteur en chef du *Civil and Military Gazette*, ce journal qui compta dans ses rangs Rudyard Kipling : « Voici maintenant de nombreuses années que je n'ai rien fait qui mérite publicité : et j'ai l'intention de faire de mon mieux, désormais, pour n'en point mériter. Elle me contrarie. » Les gloires se diluent sur la route de la Soie avec le même bonheur et la même célérité qu'elles se sont créées.

Dans le Waziristan, on rencontre les deux extrêmes d'un même peuple, les Waziris. Tribu pachtoune de guerriers, elle a mis en échec, au fil des siècles, nombre de conquérants. Rebelles à toute forme de soumission et de gouvernement, ils ont organisé leur société selon une législation qui leur est propre, le pachtoun wali. Leurs chefs de clans se réunissent au cours de jirga, les assemblées traditionnelles.

Page précédente

Le village de Waigal, au Nouristan, a vu sans doute l'armée d'Alexandre le Grand tenter de franchir cette barrière naturelle de l'Himalaya, dans sa conquête du monde toujours plus à l'est. Ce sont ces monts qui eurent raison de l'expansionnisme de l'homme. On raconte que les soldats blessés de l'armée d'Alexandre en déroute restèrent dans cette région reculée et que le Nouristan d'aujourd'hui est peuplé d'hommes blonds aux yeux bleus.

Double page suivante

La route du voyageur est semée de rencontres silencieuses, étranges face-à-face entre deux interrogations, celle de l'habitant et celle du passant. Assis sur le bord d'une piste en terre en Afghanistan, le grand-père et sa petite-fille observent l'étranger.

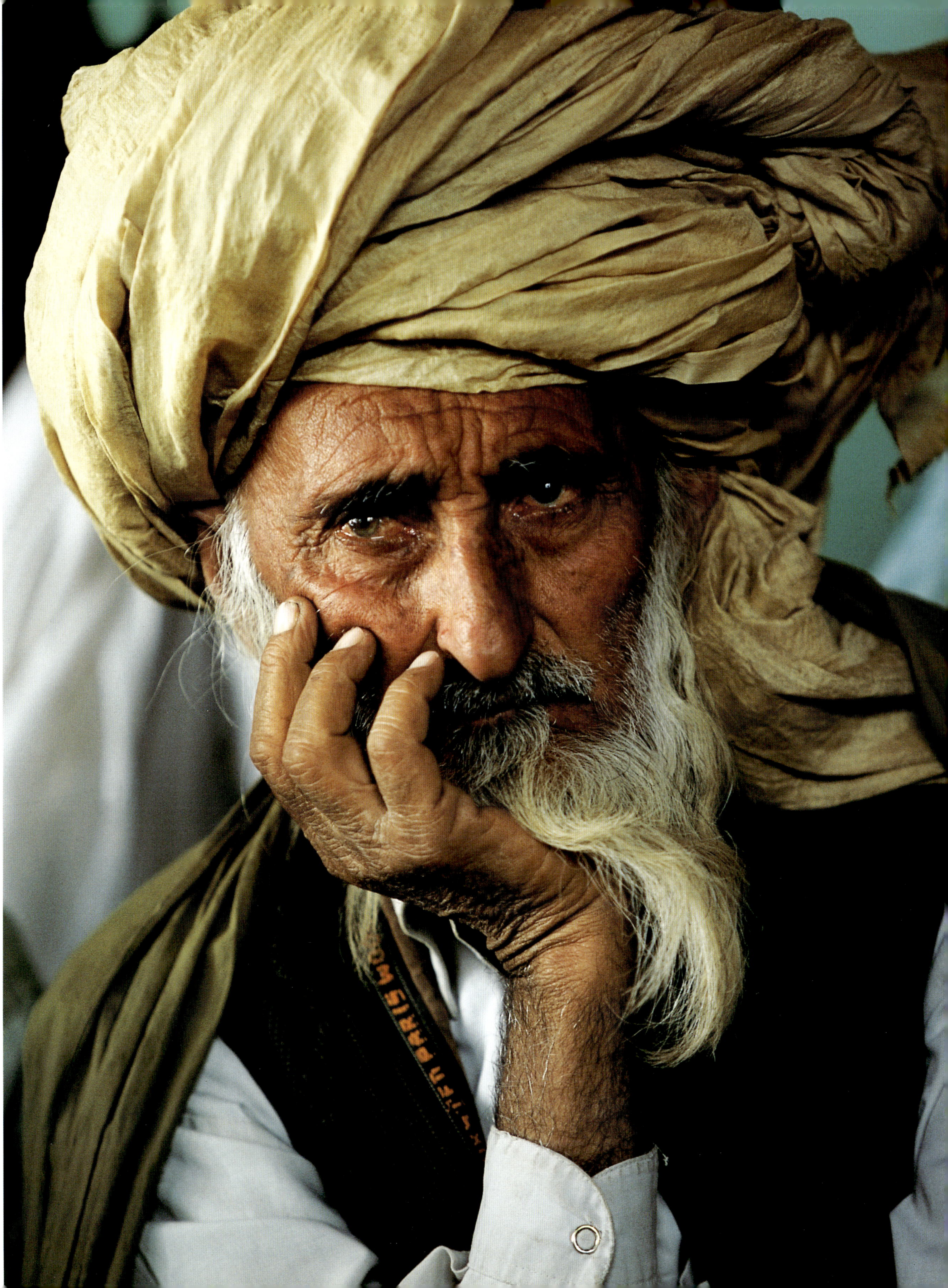
PARIS

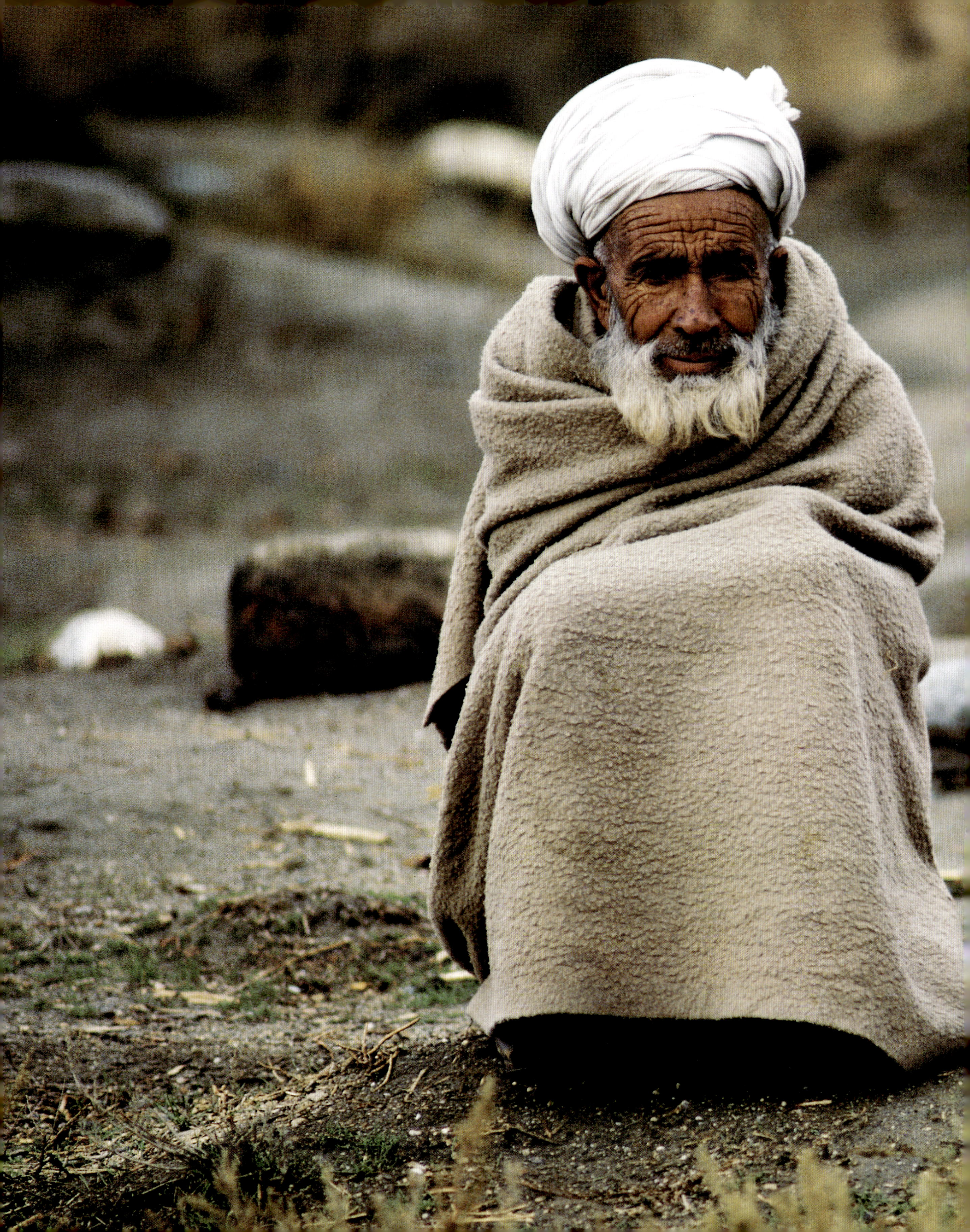

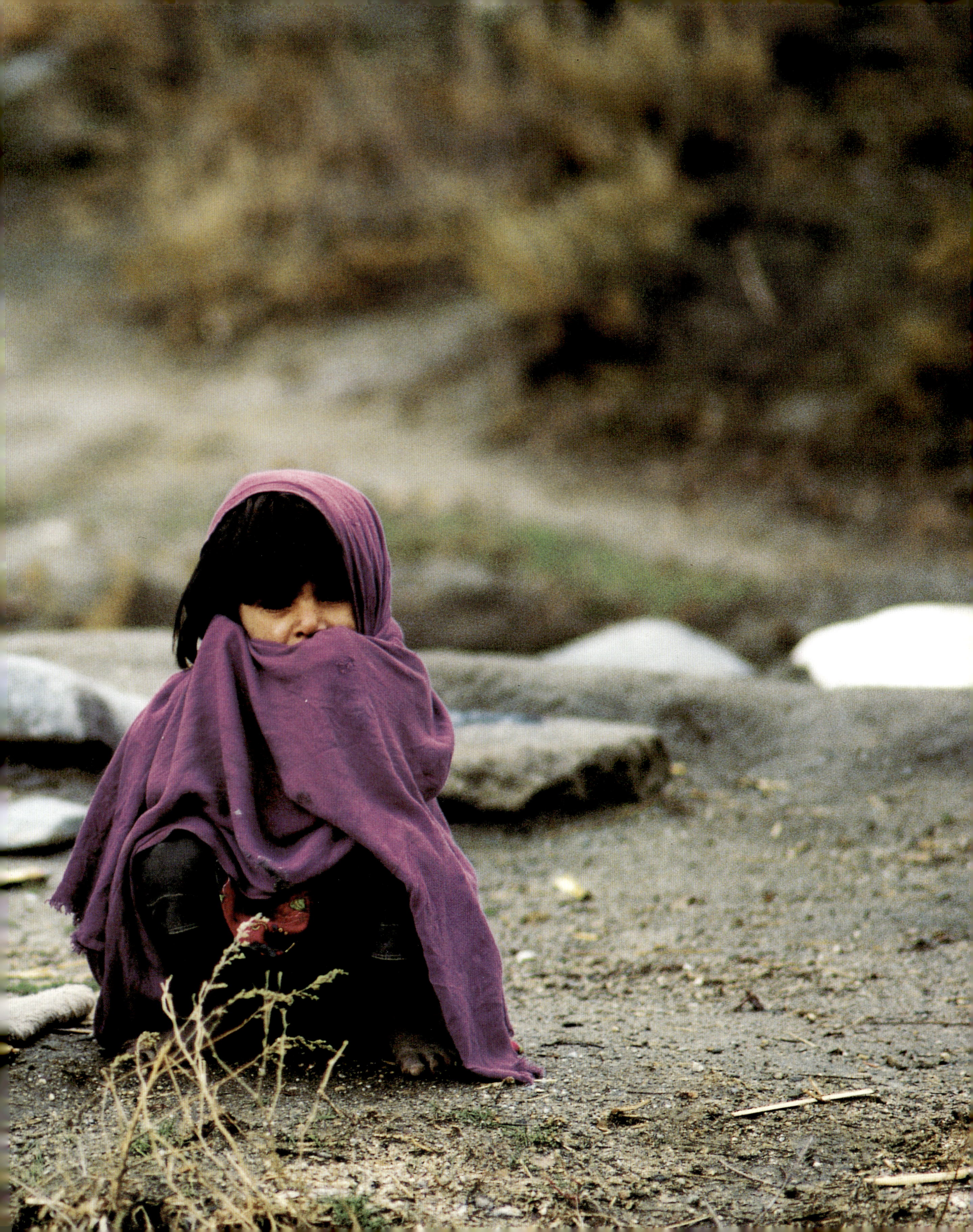

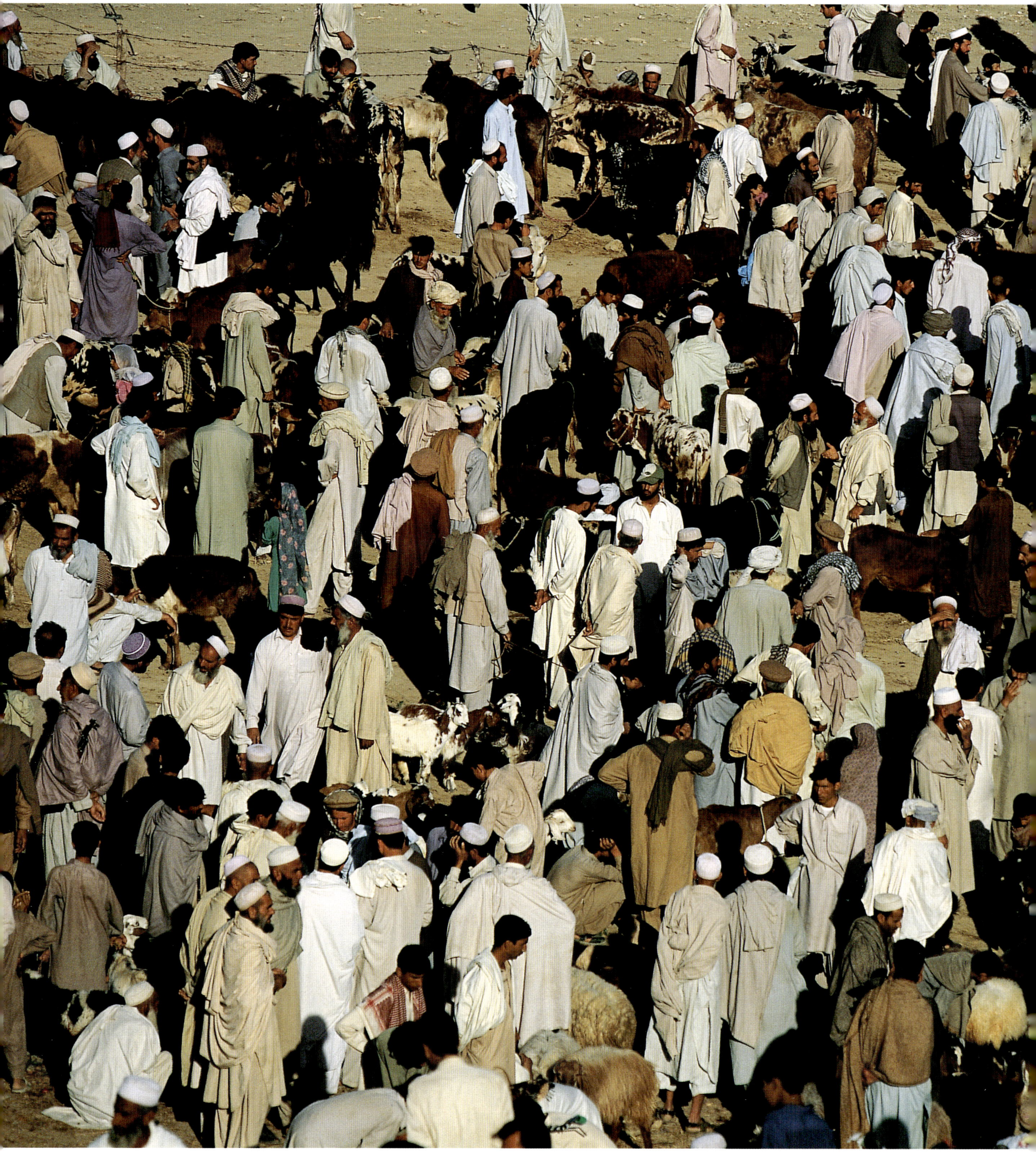

ASIE CENTRALE *Le fief des tribus*

ASIE CENTRALE *Le fief des tribus*

Double page précédente

Les temps ont laissé intactes ces ambiances confuses de place d'échanges de bêtes et de vivres, au marché du village de Larkao, dans la zone tribale de Bajao. Les hommes y viennent enveloppés dans leurs pato, *de grands châles en laine, et les négociations envahissent la place. Au temps de la route de la Soie, les montures fatiguées par le voyage étaient abandonnées et l'on troquait alors de nouvelles bêtes contre des nouveautés rapportées d'un ailleurs si lointain.*

ASIE CENTRALE *Le fief des tribus*

Les ruines de l'ancienne cité de Niya, centre névralgique sur la route de la Soie, porte du désert de Taklamakan en Chine, n'est pas loin du village de Kapak Ashan. Là, dans ce village déserté, rares sont les familles qui sont restées, bravant l'hostilité des éléments : la chaleur insupportable du jour et le froid glacial de la nuit. La vie semble loin. Tout est silence et seules les dunes à perte de vue arrêtent de temps à autre le regard. Quelques hommes prient avec ferveur sur la supposée tombe ensevelie dans le sable du cinquième imam, Jafar Sadegh, que la croyance populaire déclare être enterré en ces lieux de bout du monde.

ASIE CENTRALE *Le fief des tribus*

Les récits de voyage de Marco Polo, qui ouvrit la mythique route de la Soie, font référence à un « liquide noir et collant qui sortait de la terre » à Bakou et dans le désert de Taklamakan. Utilisé à l'époque pour ses bienfaits médicaux, l'étanchéité des bateaux et pour faire jaillir la lumière, l'ancêtre de ce que l'on appela plus tard « le pétrole » donna son nom à la ville de Karamay, qui signifie en ouïgour « huile noire », près de laquelle passe un cavalier kazakh de retour de pâturage.

ASIE CENTRALE *Le fief des tribus*

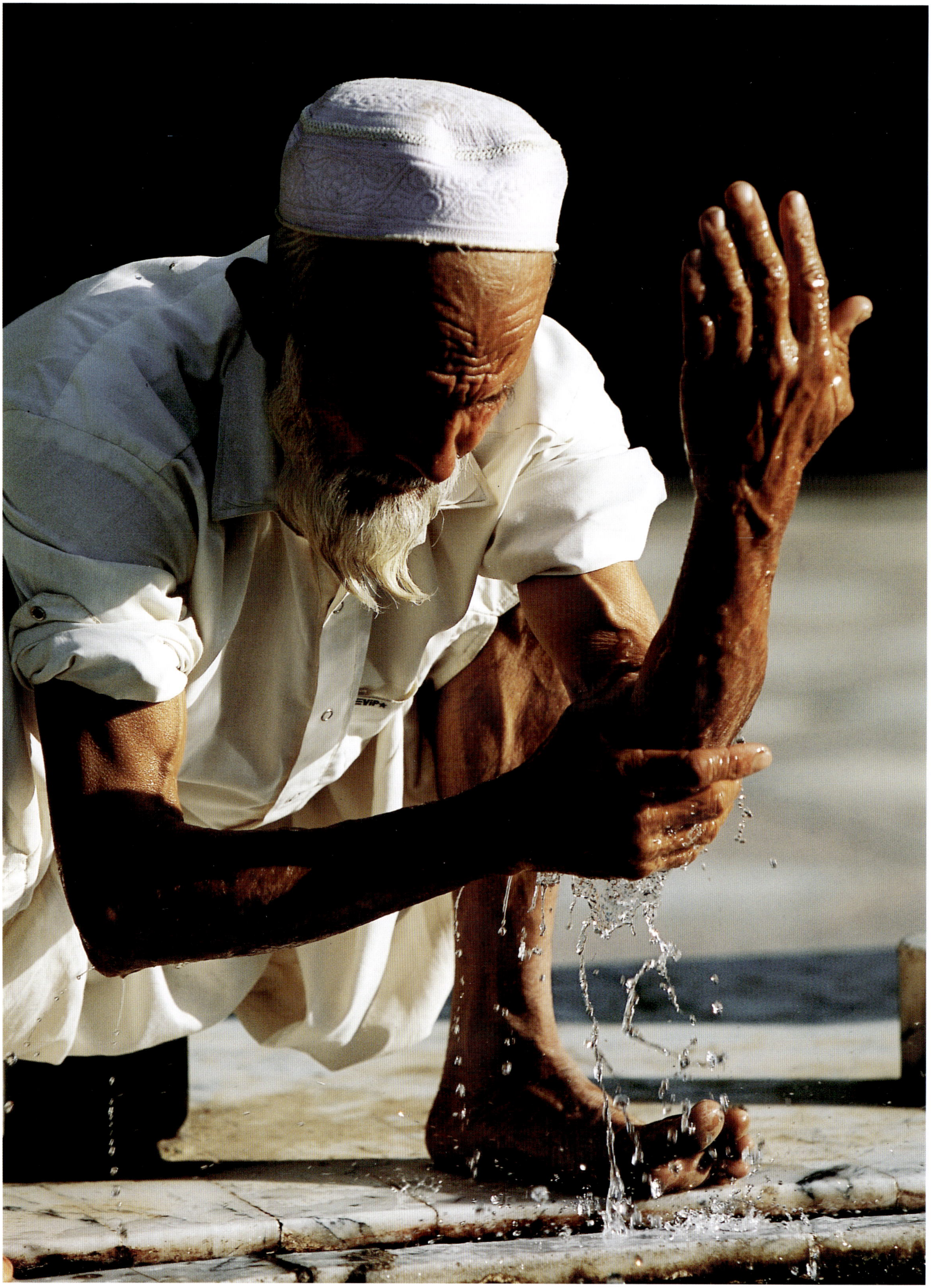

ASIE

La Grande Marche

Kipling, justement, prolonge à sa manière la route mythique. Ce ruban de poussière qui plonge vers les Indes depuis la passe de Khyber, l'écrivain britannique le dénomme la « Grand Trunk Road ». La route transcontinentale GTR démarre à Peshawar et finit au Bengale, à deux mille six cents kilomètres de là. Les voyageurs occidentaux du XVIIe siècle la baptisent la Grande Marche, tant son cheminement est interminable. Elle fut tracée par Sher Khan, souverain afghan, plus connu sous le nom de Sher Shâh Sûrî, qui vécut de 1486 à 1545, régna sur le nord de l'Inde et dont la réputation franchit les frontières dès lors qu'il tua, selon la légende, un tigre de ses propres mains. Kipling ne s'y trompe pas. Il pressent que toutes les intrigues du monde, tous les espoirs s'égrènent sur cette route. Les religions y mêlent leurs rites, hindouisme, bouddhisme, islam, sikhisme, jaïnisme, parfois avec bonheur, parfois dans le malheur. On y commerce, on dialogue, on bâtit comme des conquérants de l'immortalité. Les merveilles du monde abondent sur la GTR, tels le Temple d'or des sikhs à Amritsar, le Tâj Mahal à Agra et les temples de Bénarès.

Kipling nous emmène sur cette route dans l'un de ses plus beaux livres, *Kim*, trop longtemps pris pour un roman d'adolescence, ce qu'il est mais pas seulement. Orphelin d'un soldat britannique, Kim s'aventure sur la Grand Trunk Road en devenant espion juvénile. La route représente dès lors une symbiose entre sa mission d'indicateur et les préceptes d'un moine tibétain. Kim apparaît ainsi comme le plus humain des espions mais aussi comme le plus cynique des voyageurs. Il apprend à manier les hommes, à se jouer des principes. L'empire des Indes n'est-il pas déjà le chroniqueur patenté du « Grand Jeu » qui secoue les villes-étapes de la route de la Soie ?

Les empires se déchirent au XIXe siècle. Aux XXe et XXIe, fidèles en cela à la prédiction de Malraux, ce sont les religions qui se querellent. À Bénarès, les militants fondamentalistes du BJP, le parti hindouiste, vilipendent les Indiens musulmans, prêts à en découdre à la moindre incartade. À Lucknow, là où Kim longtemps séjourna, les musulmans disposent d'une gigantesque université qui rappelle les madrasas du Pakistan et où certains prônent le sectarisme aux étudiants indiens ou étrangers. À Amritsar, les sikhs attendent de pied ferme les nouvelles incursions de l'armée indienne, comme au temps d'Indira Gandhi, qui a payé de sa vie la violation par ses troupes du fameux Temple d'or posé sur le lac sacré.

Sur la Grand Trunk Road et sur ses abords, l'esprit de la route de la Soie ne serait-il qu'un vœu pieux ? Pas sûr. Au nord de Gilgit, dans les prémices de l'Himalaya du Pakistan, sur la route de la Chine, un vieux villageois rappelle les préceptes de la sagesse qui sied à la route des empires. Hassan est ismaélien. À plus de quatre-vingts ans, il saute dans les gravillons à flanc de montagne comme un cabri. Une longévité qu'il doit moins aux abricots légendaires de la vallée qu'à une tolérance locale, tolérance pour les voyageurs mais aussi les voisins, de la vallée de l'Indus, côté islam, jusqu'au toit du monde, côtés chinois et indien. Avec les autres villageois, il a convoqué une assemblée, sommé les paysans de se cotiser et ordonné la construction d'un nouveau *karez*, un canal qui rend viables des terres

ASIE *La Grande Marche*

Page précédente et ci-dessus

*En Orient, l'eau est précieuse. Au centre
du patio autour duquel s'articule la maison,
dissimulée derrière de grands et hauts murs,
on trouve un bassin d'eau. Dans les mosquées,
le croyant pratique ses ablutions au rythme
des cinq prières quotidiennes, se lavant ainsi
de la poussière du voyage.*

ASIE *La Grande Marche*

éloignées de la rivière Hunza. Les paysans ont approuvé et se sont enrichis grâce à un micro-crédit improvisé. Hassan s'estime l'héritier de l'une des plus vieilles civilisations, celle de Mohenjo-Daro, dans la vallée de l'Indus. Il clame que les carrefours des empires sont les endroits les plus vulnérables au monde, mais aussi les royaumes du dialogue puisque les troubles ancestraux engendrent un jour ou l'autre l'entente, lorsque la poudre s'est épuisée.

Au nord de la Grand Trunk Road, la vallée de la Hunza, qui déploie son serpentin de bitume entre les hautes montagnes du Pakistan, est une escale de bienfaisance. La tolérance et la guerre s'y côtoient. Il appartient à chacun de répondre au vœu du sage Hassan, par la concorde ou la discorde. Voici l'un des préceptes de la route de la Soie, qui emprunte maints chemins dérivés, dont la vallée de la Hunza. C'est une « boucle » légendaire de la route qui revient en Chine et que l'expédition de la Croisière jaune dans les années 1930 a choisi d'emprunter. Le détour de la route des caravanes plonge alors dans un monde dur et enchanteur à fois, la passe de Khunjerab, vers la Chine et ses plateaux musulmans, vers l'oasis de Kachgar où l'esprit de révolte, même à l'ombre de l'empire du Milieu, ne s'est jamais apaisé.

Les bazars ont toujours été des lieux de rencontres et d'échanges de marchandises comme de nouvelles. Sur la place publique, le voyageur était attendu ou reçu comme un héros, un messager, un marchand aussi, auquel on proposait toutes les merveilles locales que l'on avait et qu'il pourrait acheter ou échanger. Les caravanes ainsi s'alourdissaient au fil du temps et des villages franchis. Dans le village de Pir Baba Roshan, centre de pèlerinage dans les zones tribales pachtounes au Pakistan, les marchands attendent le passant.

ASIE *La Grande Marche*

Au cours des festivités de l'Achoura, les chiites rejouent la bataille de Kerbala pendant laquelle Hussein, troisième imam et deuxième fils d'Ali, fut tué par les Omeyades en 680. Ce jour-là, le symbole de Zol Djanah, cheval d'Hussein pendant la bataille, est paré de nombreux ornements et défile en tête du cortège religieux. Un berceau recouvert de fleurs rouge sang rappelle celui de l'un des fils de l'imam Hussein, Ali Asghar, tué avec les siens, à l'issue de la bataille de Kerbala.

ASIE *La Grande Marche*

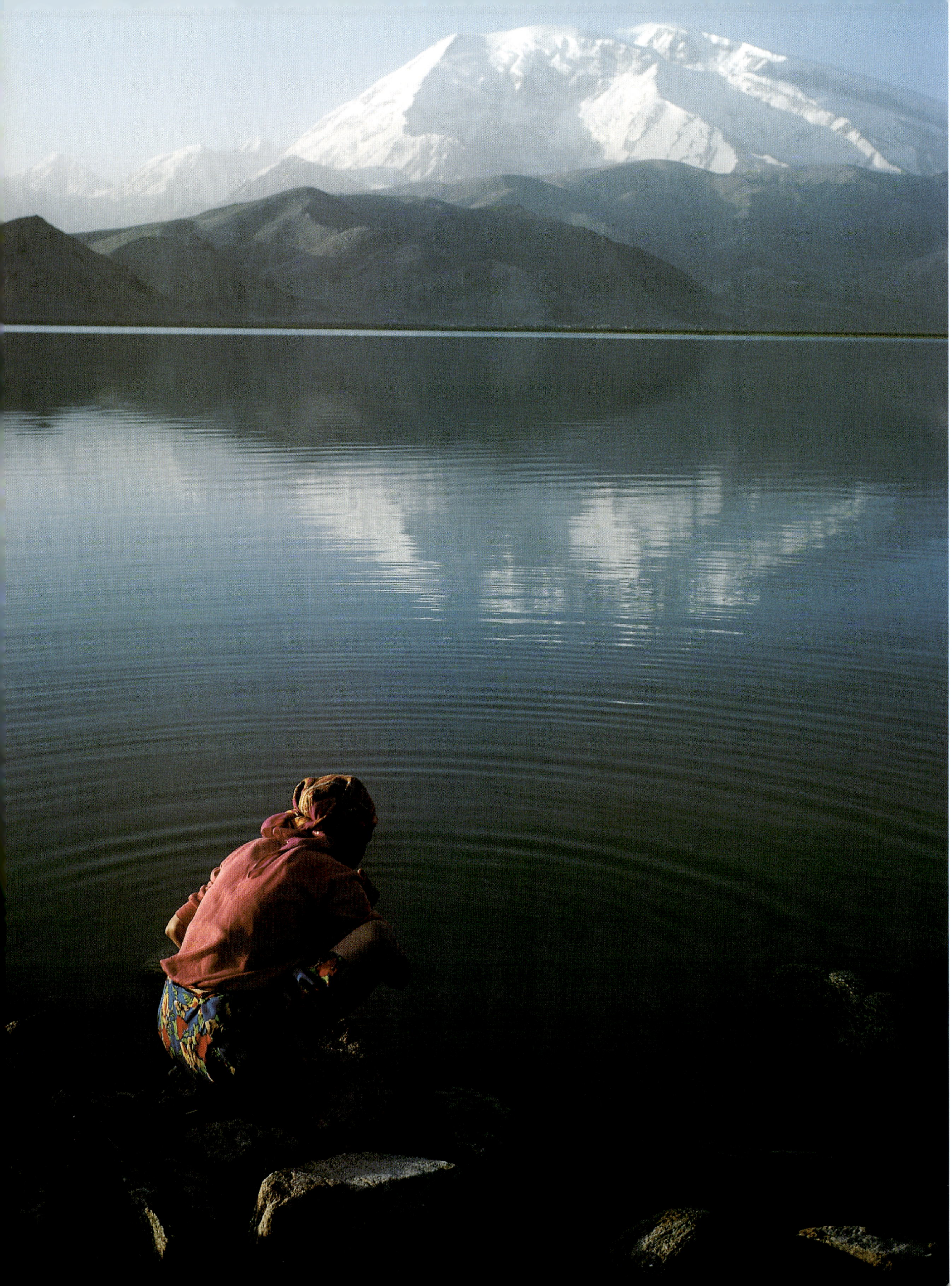

PAMIR

Basmatchis

La route de la Soie aime tutoyer les cieux. Aux abords du monts du Pamir, au Tadjikistan, elle s'insinue entre des montagnes de plus de sept mille mètres. Un étrange mélange subsiste dans les villes et bourgs que la route traverse, héritage de culture persane greffé sur le modèle soviétique qui perdure dans cette ancienne satrapie de Moscou. La règle clanique demeure de mise. Elle a valu au pays de perdre nombre de ses fils lors de la guerre civile qui a suivi la désintégration de l'URSS. Pendant un siècle, la région fut fermée aux étrangers par les Russes, depuis que Francis Younghusband, agent britannique installé à Kachgar en Chine, fut interpellé par les officiers du tsar sur sa route du Pamir. La colonisation du Turkestan, puis le règne soviétique, la corruption des élites, la monoculture et la bureaucratie, n'ont en rien altéré la beauté de cette contrée de montagnes. Comme si ces strates de l'histoire s'étaient avérées artificielles, le Tadjikistan s'est débarrassé d'une gangue qu'il n'aimait pas pour replonger dans des racines anciennes, où le mythe est roi.

Celui des basmatchis a la vie dure. La légende des basmatchis, c'est l'histoire épique des guerriers qui combattirent après la révolution russe les troupes de l'Armée rouge. Une région se déclare alors particulièrement rebelle : le Pamir. Un général turc se joint à la cause, Enver Pacha. Il rêve de fédérer les tribus turcophones, de créer une grande Turquie, de la Chine jusqu'au Bosphore. Héros de la révolution des Jeunes-Turcs, ministre de la Guerre de l'Empire ottoman, il préfère combattre plus loin, dans les steppes. Il réussit à lever une armée de vingt mille hommes pour bouter dehors les soldats de Moscou, obtient l'appui des émirs de Boukhara et d'Afghanistan, se fait proclamer « général en chef de toutes les armées d'Islam ». Mais Lénine entend mater ce troublion qui lui avait promis l'Asie centrale et même l'empire des Indes lors de son passage à Moscou. Face à cent mille soldats de l'Armée rouge, Enver Pacha ne peut tenir longtemps. Il meurt comme il se doit, à cheval, lors d'une charge dans les steppes.

Les basmatchis du cru, eux, poursuivent la lutte armée. Cavaliers téméraires, ils ferraillent contre les tanks et les mitrailleuses soviétiques. Ils hurlent comme des conquérants mongols, hussards perdus des immensités lointaines. Pendant quatre ans, ils mènent une guérilla sanglante, se lancent dans des escarmouches incessantes. Ils assaillent les soldats à l'étoile rouge, saignent les officiers, coupent quelques têtes quand ils sont un peu énervés, promettent le feu pour deux siècles. Puis ils mettent genou à terre. Certains sont exécutés, les autres embastillés. Sur la place du Registan à Samarcande, la grande voyageuse Ella Maillart avait assisté à leur jugement. « Je fus réveillée par un fait insolite : des sabots de chevaux résonnent sur les dalles de ma *médressé*... Je me précipite pour regarder. Des miliciens montés et armés surveillent l'installation de nombreuses chaises en face de l'arche-*iwan* d'entrée. C'est le jour tant attendu du jugement des basmatchis dont le procès s'instruit depuis plusieurs mois. » Ella s'approche,

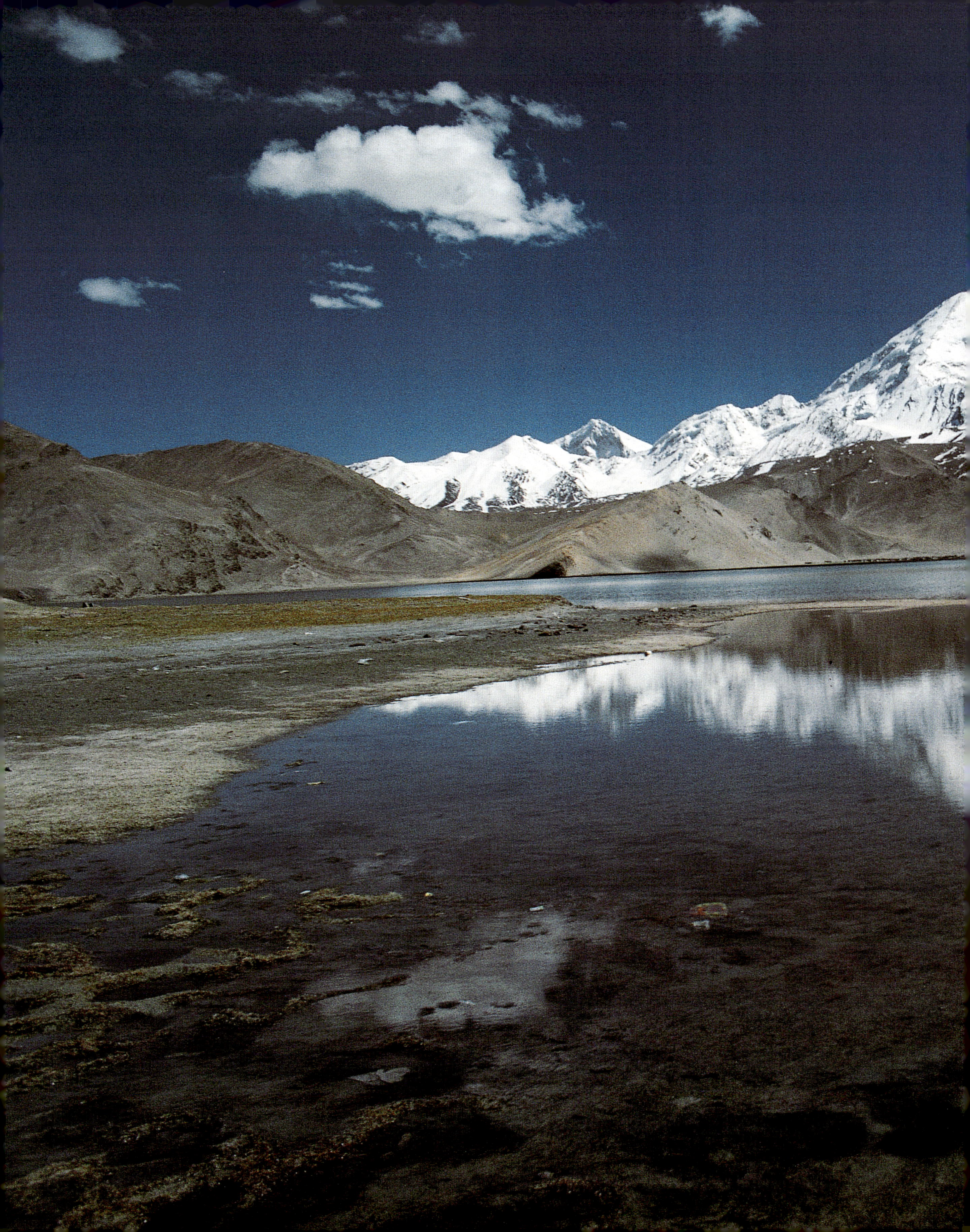

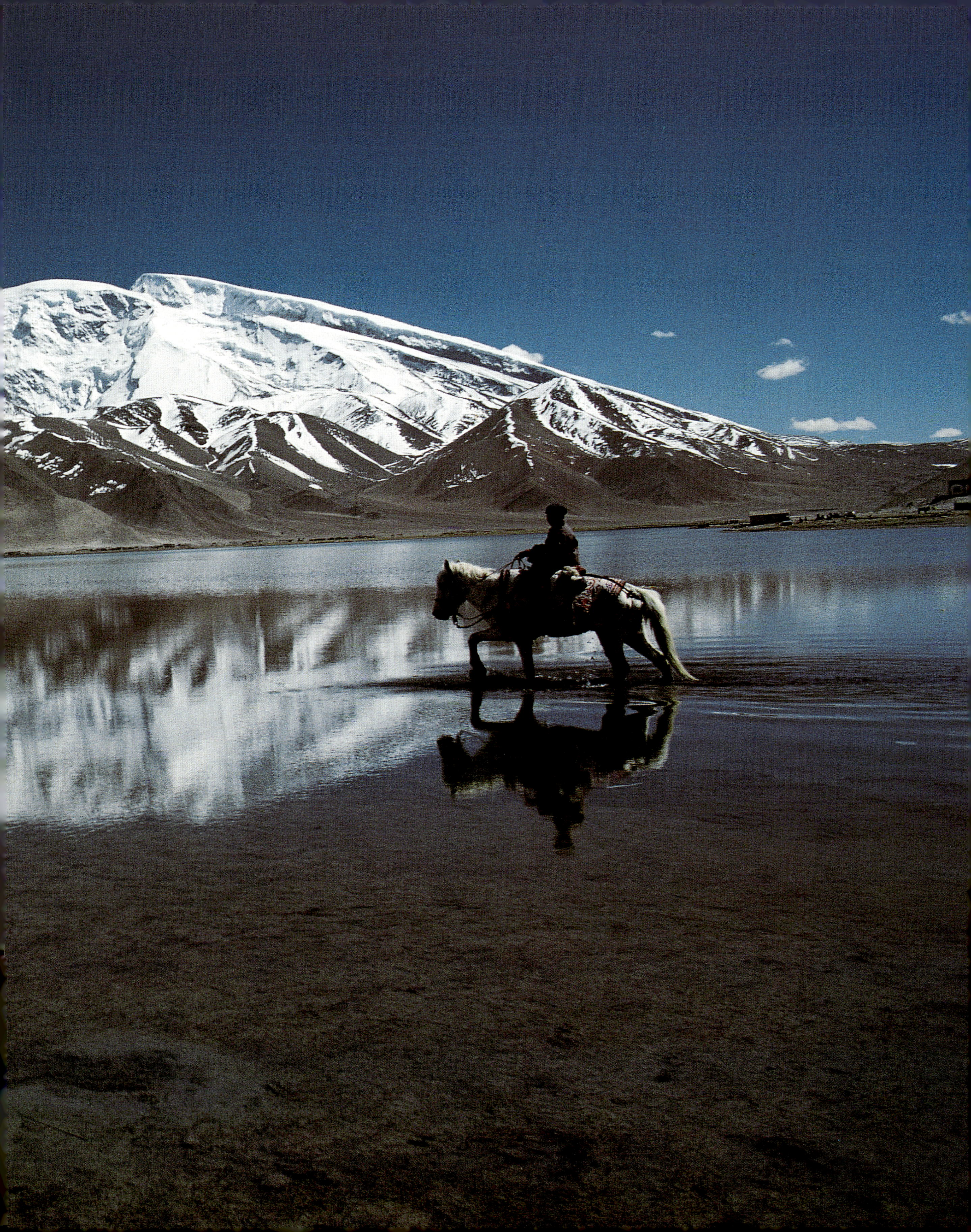

intriguée. Une corde est tendue pour tenir les badauds à distance. Parmi eux, les femmes et les mères des accusés, cachées derrière leur burka. Elles savent que les rebelles n'ont aucune grâce à attendre des commissaires du peuple. Ella Maillart détaille le public, jeunes à casquette, ouvriers à calot, paysans en guenilles à l'œil las, fatalistes avant même la sentence. Fusil sur le dos, des gardes à cheval patrouillent sur la place. Il me semble encore entendre le martèlement des sabots qui couvre la voix du commissaire. Au premier rang, les accusés baissent la tête, les mains ramenées sur les plis de leur manteau rapiécé, comme des moines chinois. Un de leurs chefs, Amrista, au caftan rose, pieds nus, épaules tombantes, yeux enfoncés et bouche mince, s'est douze fois évadé de sa geôle et sa légende a traversé les steppes depuis belle lurette. « Mais tuez-moi seulement, que voulez-vous que cela me fasse ? Ils sont vingt qui prendront ma place ! » a-t-il lancé aux policiers. Cependant ses compagnons sont résignés. Cette prison sera leur dernière demeure. Ella Maillart croit un instant que la foule qui gronde va s'insurger, que des fusils vont sortir des longs manteaux. L'effroi se lit sur les visages. Regards hagards, gestes lents, les condamnés attendent leur supplice. Sur la place, devant une tribune où trônent des commissaires du peuple que protège le buste sculpté de Lénine, des matrones en pleurs implorent leur pardon. Rien n'y fait. Les basmatchis sont voués à la prison à vie ou au peloton.

Trois quarts de siècle plus tard, dans les années 1990, la Turquie voulut redonner du lustre à leur combat. Des anciens gauchistes et des nostalgiques du panturquisme lancèrent un mouvement, qui trouva un écho jusqu'aux oreilles du président turc Turgut Özal.

PAMIR *Basmatchis*

À gauche

Dans l'immense et verdoyante plaine de Mazar, suspendue à quatre mille mètres, au Turkestan oriental, les femmes tadjikes ont revêtu leurs plus beaux habits : coiffes brodées et tissus colorés qui tranchent avec le vert omniprésent. Elles admirent les courses de chevaux, tradition ancrée chez les peuples de la région. Les chevaux sont montés par de jeunes adolescents, cavaliers aguerris placés sur une monture dès l'âge de 2 ans.

Pages 126 et 128-129

Sur la route qui sépare la ville de Kachgar des monts du Pamir, la caravane des voyageurs s'est arrêtée un instant près du lac glacé de Karakol, qui signifie le « lac noir » en ouïgour. Les cent glaciers du Pamir dominent non loin et le Mustagh Ata, le « père des glaciers », culmine à 7 546 mètres.

Ci-dessus

Le signal du départ a été donné par le maître de cérémonie. La chèvre est ainsi ballottée entre les hommes montés sur des yacks. Le bozkashi, entre football, rugby et polo, se pratique souvent à cheval, par les peuples de la région, de l'Asie centrale au Turkestan oriental. Dans la plaine de Mazar, ce jour-là, les yacks qui permettent de franchir les hauteurs du Pamir servent de montures aux Tadjiks qui s'affrontent.

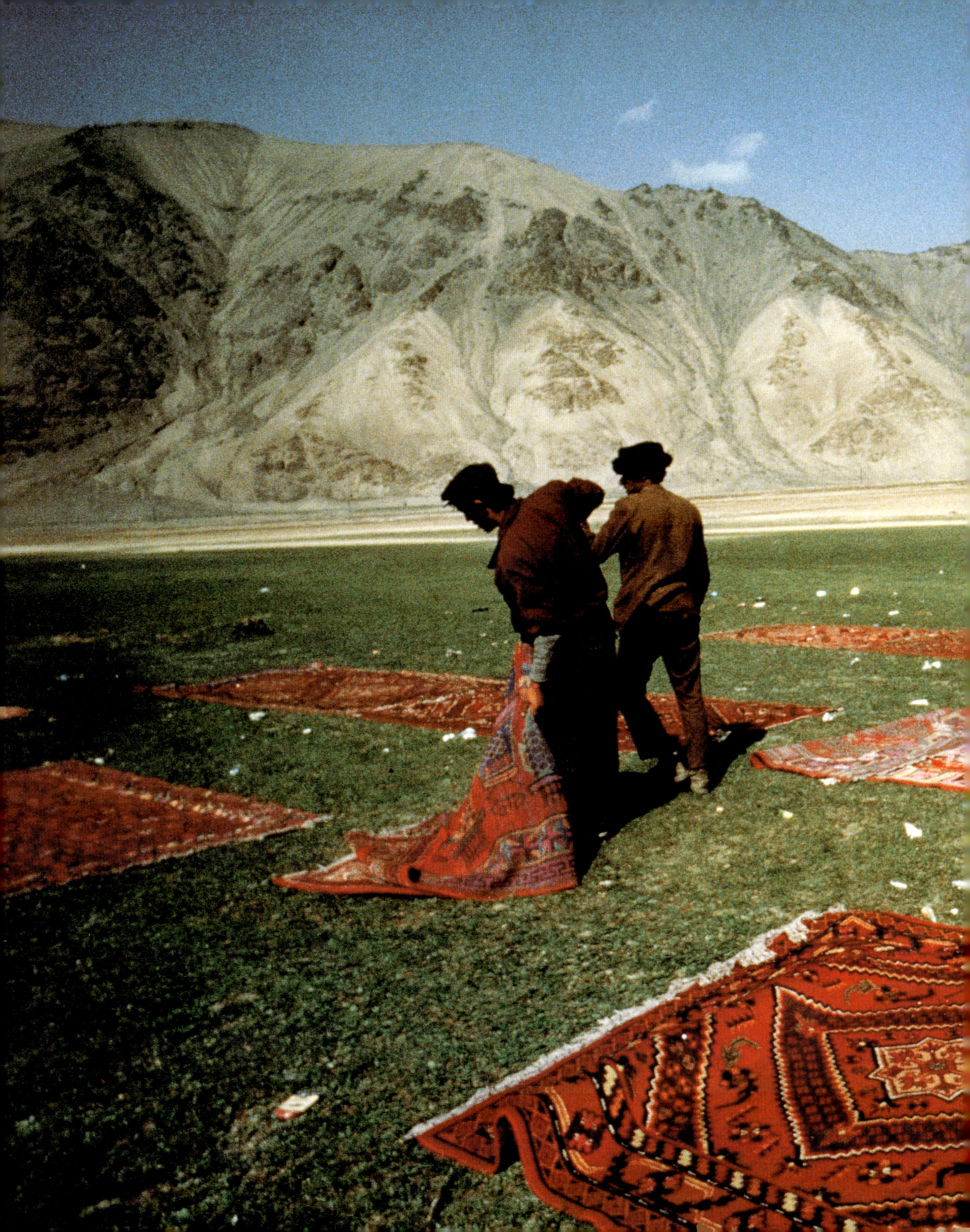

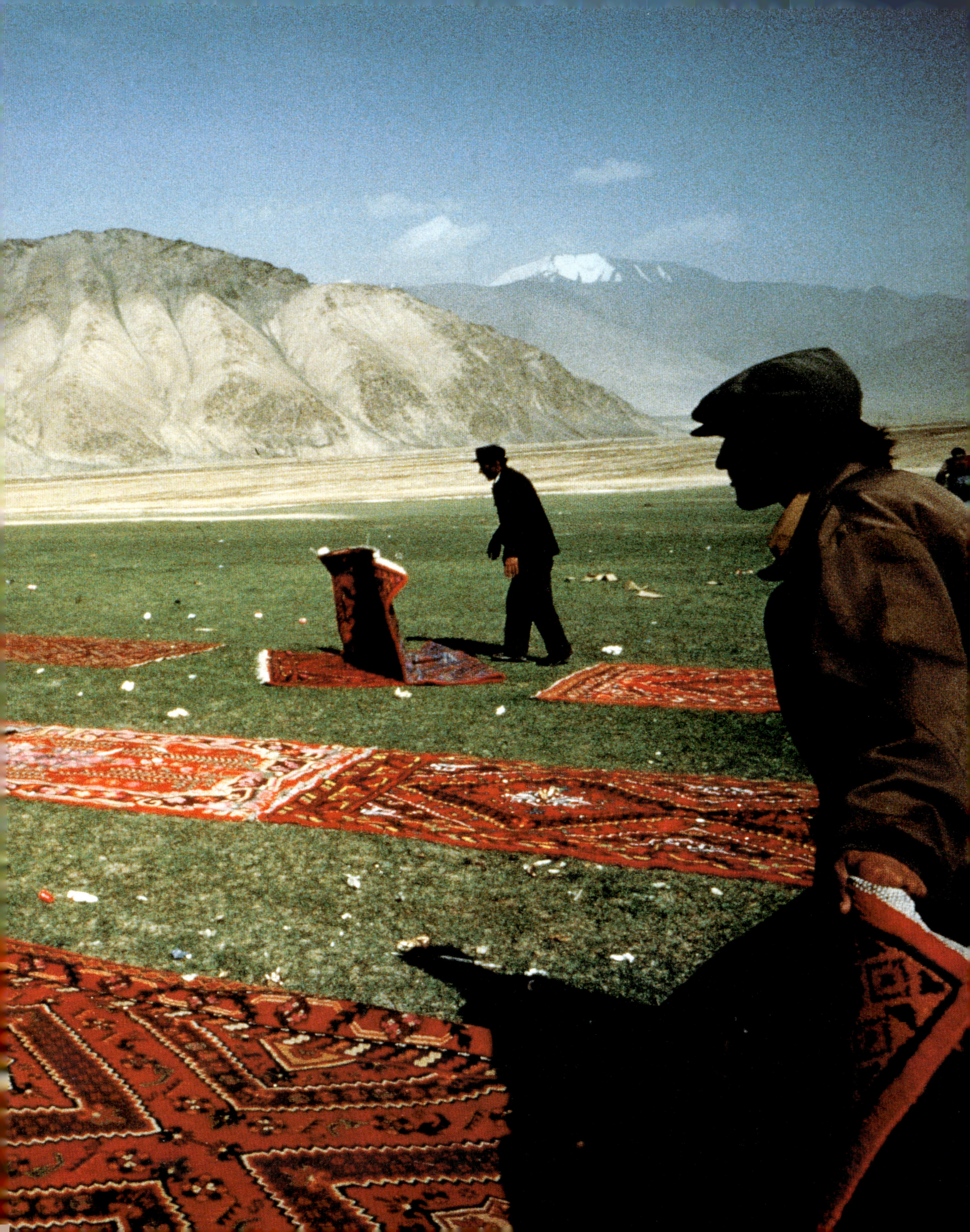

PAMIR *Basmatchis*

Mais le rêve fit long feu. La Grande Turquie ne renaissait pas et le nouveau « Grand Jeu » échappait à Ankara. Les Turcs durent se contenter des miettes de cet empire mythique, des contrats avec des dictateurs d'Asie centrale, un aéroport à Achgabat au Turkménistan, des accords avec l'Azerbaïdjan voisine, où l'on parle la langue la plus proche du turc des cinq républiques musulmanes de l'ex-URSS.

Les confins pouvaient attendre. La route de la Soie connaît certes une renaissance, mais pas au firmament du désir turc.

Les basmatchis, eux, ont repris le flambeau, ou leurs lointains héritiers du moins. Ils ont réussi à s'affranchir de la tutelle russe, ont pris le nom de moudjahiddin et ferraillent pour l'indépendance ou l'avénement d'un État islamique. D'autres basmatchis se contentent de trafiquer l'héroïne en provenance d'Afghanistan. Au Tadjikistan, en Ouzbékistan, les relais sont nombreux. Et la police, avec des salaires dérisoires, quelques dizaines de dollars par mois, ferme les yeux en échange d'une belle commission.

Les basmatchis se jouent des frontières, car les frontières longtemps se sont jouées d'eux.

Dans le village de Tiznap, au Turkestan oriental, Marco Polo, dans son périple sur la route de la Soie, a sans doute rencontré son homonyme, le Marco Polo, ou autrement appelé « Argali », mouflon imposant et massif, dont les cornes ont la réputation d'avoir des pouvoirs aphrodisiaques.

À droite

Sur la route de la Soie, l'avancée des conquérants a forcé les habitants de la plaine à se réfugier dans les montagnes. Tel fut le cas des ancêtres de ces enfants tadjiks persanophones, qui s'installèrent dans les monts du Pamir pour fuir l'avancée des tribus turques et mongoles.

Pages précédentes

Petites taches colorées sur l'herbe verte de la plaine de Mazar, les tapis ont été posés par les hommes, comme des nappes, à l'occasion du repas de fête.

De la Perse au Turkestan oriental, de la mer Caspienne à l'Asie centrale, le tapis est à la fois œuvre d'art et outil quotidien. Il habille, tel un tableau aux savants dessins tissés de fils de soie ou de laine, l'intérieur d'une maison ou d'une yourte et s'étend aussi sur le sol où l'on s'assoit.

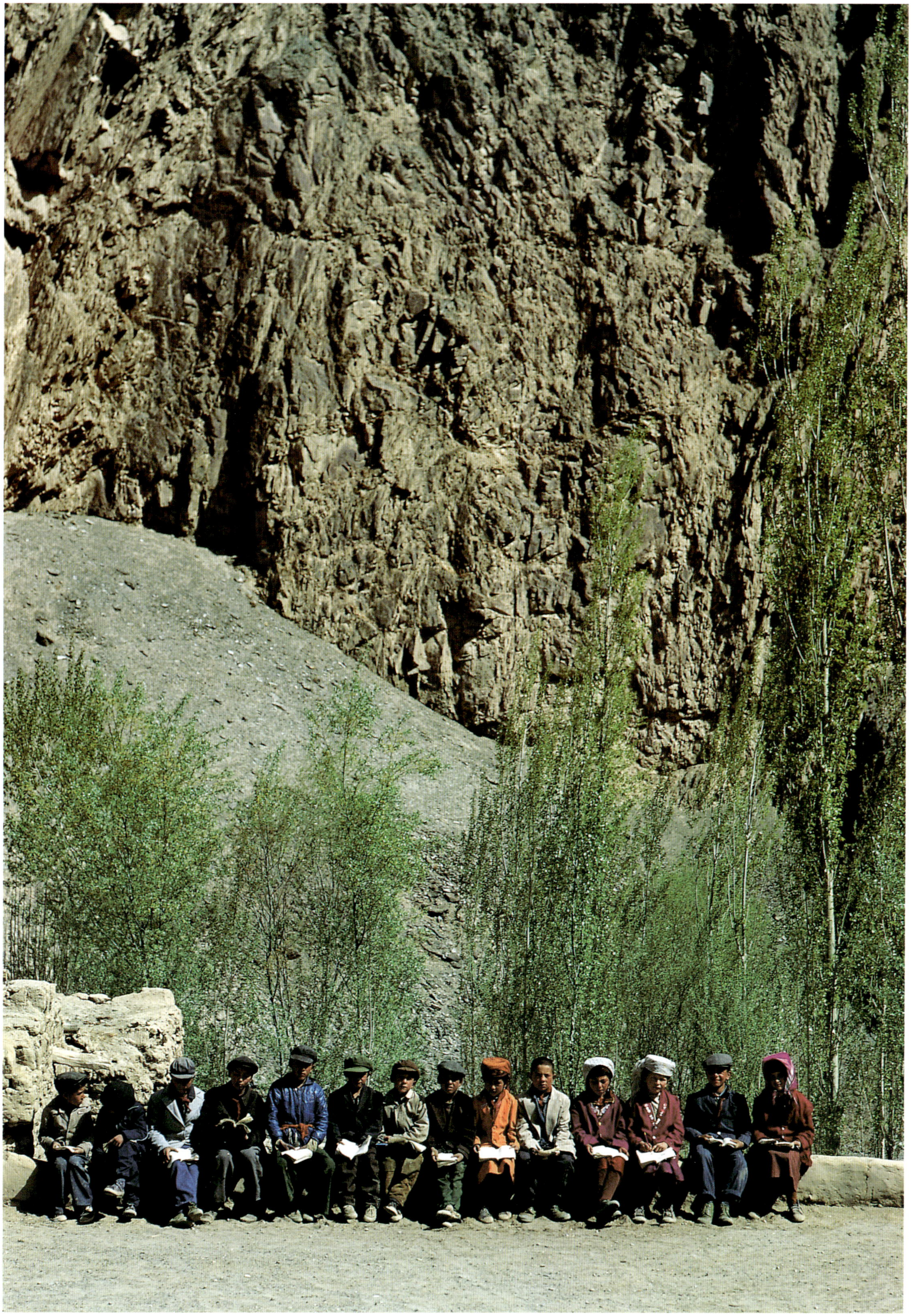

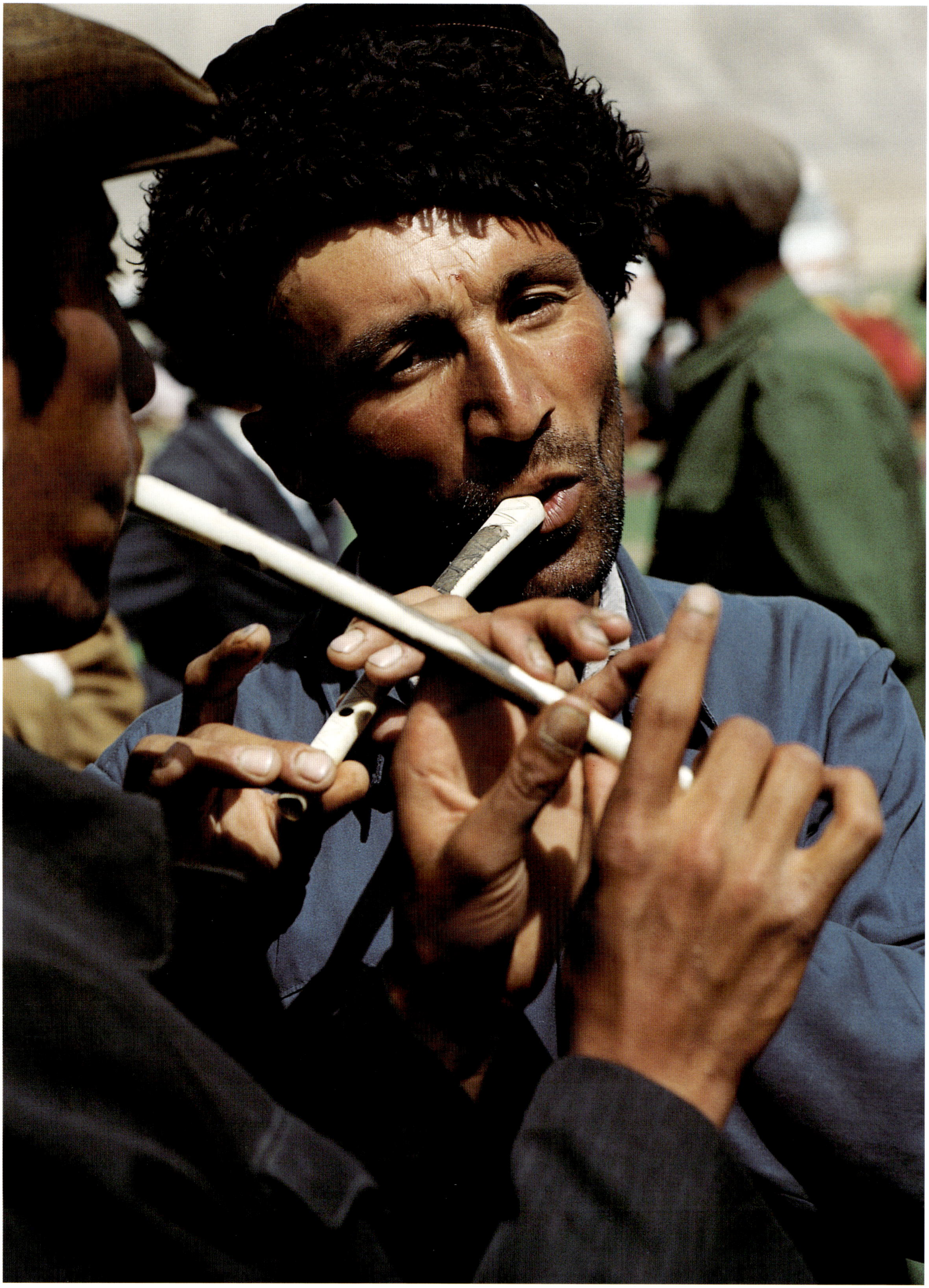

PAMIR *Basmatchis*

*Le souffle du ney rythme l'avancée
du voyageur. Taillé dans un simple roseau
comme en Perse ou creusé dans l'os de l'aile
d'un aigle comme au Turkestan oriental,
il envahit les pâturages fréquentés par le berger
solitaire et ses bêtes, ou rythme les fêtes, comme
ce jour-là, dans la plaine de Mazar.*

*Sur le mont Altaï, la danseuse Aynour,
« reflet de lune », célèbre la fête de
la circoncision. Le Turkestan oriental
est à la croisée des cultures persane et
turque, qui ont voyagé au fil des siècles
avec ces tribus nomades.*

TURKESTAN ORIENTAL

Far West chinois

La vraie relève des basmatchis sur la route de la Soie vient d'un Orient plus lointain, au-delà de la frontière chinoise. Au Sin-kiang, le Turkestan chinois, les Ouïgours, turcophones et musulmans, ont eux aussi lancé la révolte. Face à la répression menée par Pékin, les rebelles se sont pour beaucoup réfugiés au Kazakhstan. Nulle envie chez eux de créer une république islamiste, contrairement aux accusations chinoises, même si une douzaine de combattants ouïgours ont œuvré du côté des talibans, nulle velléité de trafic de drogue. Les militants du Turkestan oriental poursuivent leur lutte de manière souterraine, avec le Mouvement islamique du Turkestan oriental et la Jeunesse du foyer du Turkestan oriental. Pour damer le pion aux Chinois, les rebelles ont fondé à Washington en 1994 un « Gouvernement en exil du Turkestan oriental ». Le modèle de ces séparatistes est la fragile République islamique du Turkestan oriental, qui fut créée en 1933 avant de disparaître un an plus tard.

La Chine révèle d'étonnantes surprises pour ceux qui arpentent la route de la Soie. Retors aux frondes indépendantistes, qu'il combat au prix des pires exactions, l'ancien empire du Milieu, après avoir détruit les temples lors de la révolution culturelle, recherche ses racines dans ce mouvement des caravanes. Oasis de Turfan, monuments oubliés dans le désert, vieilles villes redécouvertes au Sin-kiang : en redonnant vie au chemin antique, c'est son propre passé que la Chine réexplore.

Kachgar est une oasis qui aurait emprunté aux voyageurs tous leurs secrets. Bazars qui répondent en écho aux souks d'Orient, caravaniers surgissant du désert du Taklamakan, marchands venus des steppes d'Asie centrale, soldats hans rappelant que Pékin surveille tout ce beau monde... Sans doute le milieu des empires se situe-t-il ici, dans ce maelström de cultures et de civilisations. Pendant longtemps les empires se sont livrés à un grand jeu, à une guerre d'espionnages et d'intrigues avec des agents russes, japonais, britanniques, chinois. Désormais ils se rencontrent dans cette ville pour négocier.

D'autres ont repris une vieille tradition de la route de la Soie : le pillage des œuvres d'art. À la fin du XIXe siècle, d'étranges émissaires parcouraient le Sin-kiang, à la recherche de statuettes et d'objets anciens. Un Britannique, William Johnson, entame la danse en 1864, en foulant les ruines d'une vieille ville près de Khotan. Sir Douglas Forsith lui emboîte pas, fouille lui aussi, empoche quelques objets et rédige un rapport retentissant sur les cités enfouies dans les sables mouvants du grand désert de Gobi. À Londres, les antiquaires et marchands d'art se déchaînent. On envoie des agents, des intermédiaires, on soudoie les représentants perdus de la Chine mandarinale, heureux de n'être point oubliés. Des Suédois, des Français, des Japonais, Russes, Allemands, Hongrois accourent à leur tour. On voit dans ces steppes et déserts l'occasion de s'enrichir vite. Certains se prennent pour Vivant Denon en Égypte, d'autres rêvent de remplir un petit

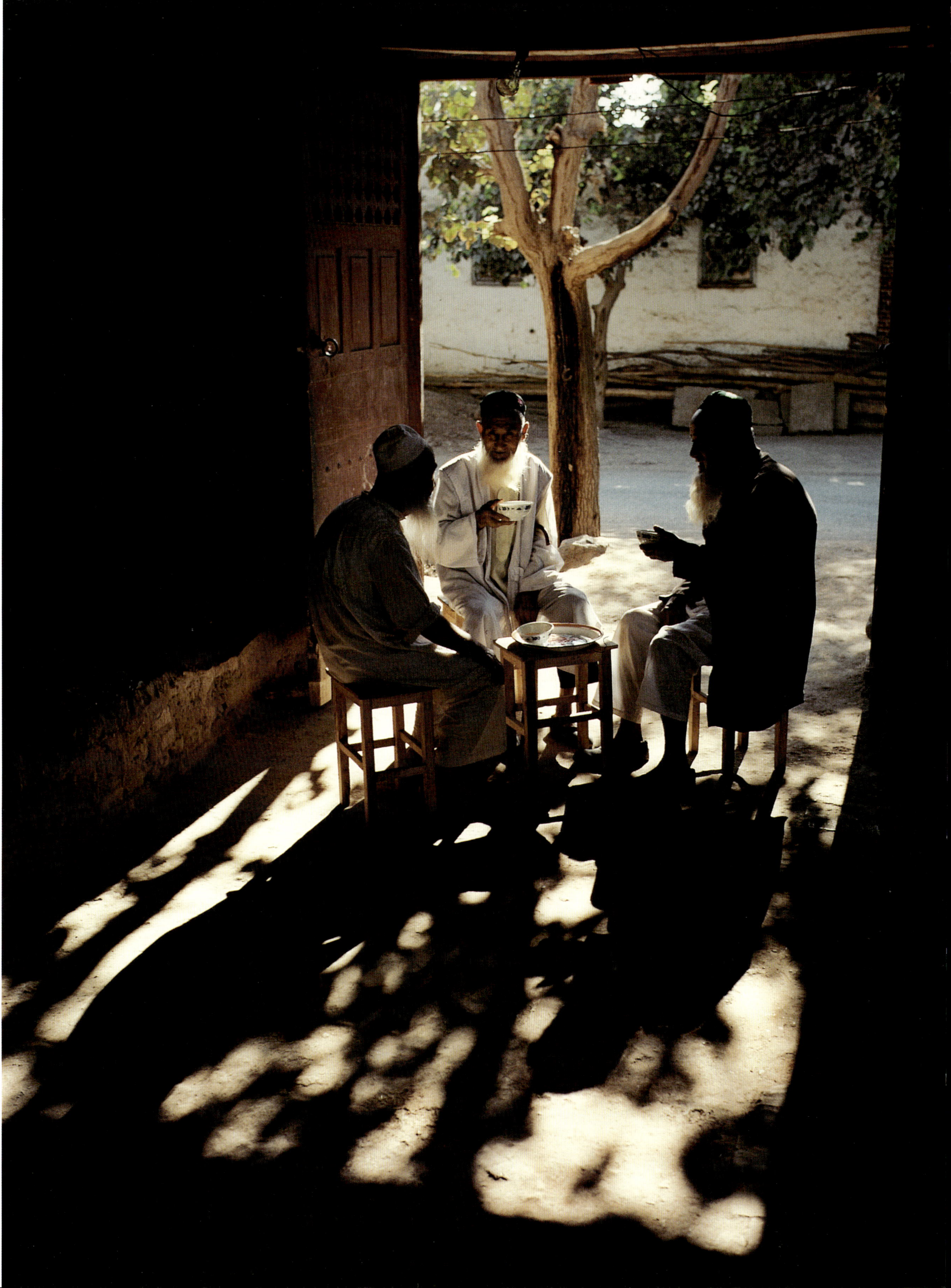

TURKESTAN ORIENTAL *Far West chinois*

Aygul et Moussa, deux Ouïgours
du village de Singim, au Turkestan
oriental, se marient. À l'ombre
de la tonnelle recouverte de grappes
de raisins, les femmes se rassemblent
autour d'un banquet. Les hommes sont
ailleurs. L'imam a récité la prière
sacrée. Les futurs mariés ont encore
le souvenir du pain trempé dans le sel
qui leur a été donné, symbolisant le bon
et l'amer de la vie qu'ils vont partager.

Sur la route de la Soie, Kachgar,
principale ville du Turkestan oriental,
est une étape incontournable pour les
commerçants, scientifiques, religieux,
médecins, artistes, ou simples voyageurs.
Au cœur des échanges, Kachgar a permis
à la médecine traditionnelle ouïgour
d'assimiler différentes pratiques
ancestrales, telles que la médecine
ayurvédique indienne, celle de la Grèce
ancienne et les découvertes d'Avicenne
le Persan.

Louvre avec des trésors archéologiques. Cet élan nouveau est aussi la résultante marchande d'un certain orientalisme, le fantasme de l'Occident projeté sur l'Est tentateur. La soie a cédé la place aux œuvres d'art enterrées par le temps. Les sages caravaniers et les poètes soufis à la parole de tolérance se sont effacés devant les trafiquants sans scrupules.

Le pillage continue le siècle durant. Pendant la guerre des moudjahiddins afghans contre les Soviétiques, des diplomates occidentaux en poste à Kaboul se sont lancés dans le trafic des statuettes de l'art gréco-bouddhique, celui du Gandhara. Sous le règne des talibans, des agents pakistanais achetaient aux miliciens au turban noir des pièces d'art qui furent revendues à prix d'or dans des boutiques de Paris, de Chicago, de Londres et de Tokyo. À la chute des talibans, un chef de guerre avait monnayé une tête de Bouddha à côté de Bamyan pour quarante mille dollars. Un marchand afghan installé en Europe affirme qu'elle s'est revendue un million de dollars. Comme il restait une somme impayée le chef de guerre a pris en otage deux intermédiaires. À ce jour, on ne sait si les otages ont survécu.

À Kachgar, « perle » sur la route de la Soie, réputée pour son brassage culturel, le voyageur croise Tadjiks, Kirghiz, Kazakhs, Ouïgours, marchands ou chalands, venus au marché, de la ville ou des pâturages, à pied, à dos d'âne ou en carriole. Poussière, chaleur, bruits enivrent le passant qui se réfugie dans un des restaurants locaux pour un bol de nouilles, cuisinées sous ses yeux, que Marco Polo rapporta en Italie.

Page 139

Ces hommes âgés ont vu toutes sortes de commerçants, d'envahisseurs, de voyageurs et de rêveurs. Devant l'étendue immense, sans même l'ombre d'un mirage, l'ancien pointa son doigt en montrant cet infini ensablé et murmura : « Voici le désert de Taklamakan, dont le nom claque comme fait frémir son sens quand on nous le dévoile : l'endroit où tu entres et d'où tu ne sors jamais. » Combien de caravanes sur la route de la Soie ont-elles franchi cette barrière naturelle, transportant des trésors de l'Orient vers l'Occident, et de l'Occident vers l'Orient ? À l'extrême nord-ouest de ce désert, telle une halte salvatrice, dans la ville millénaire de Turpan, les trois amis ouïgours, Namtolah, Nourreddin et Gadir, prennent un thé.

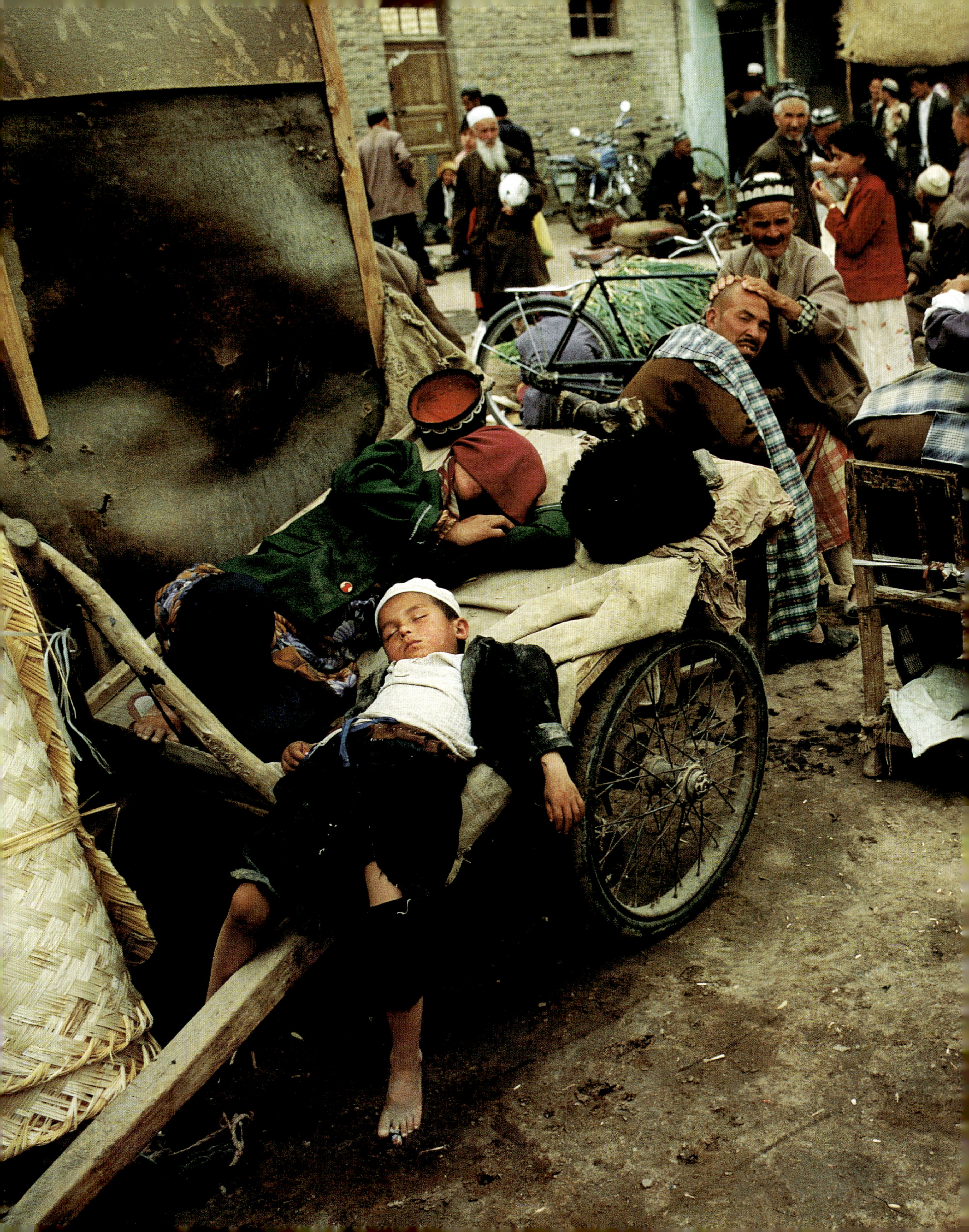

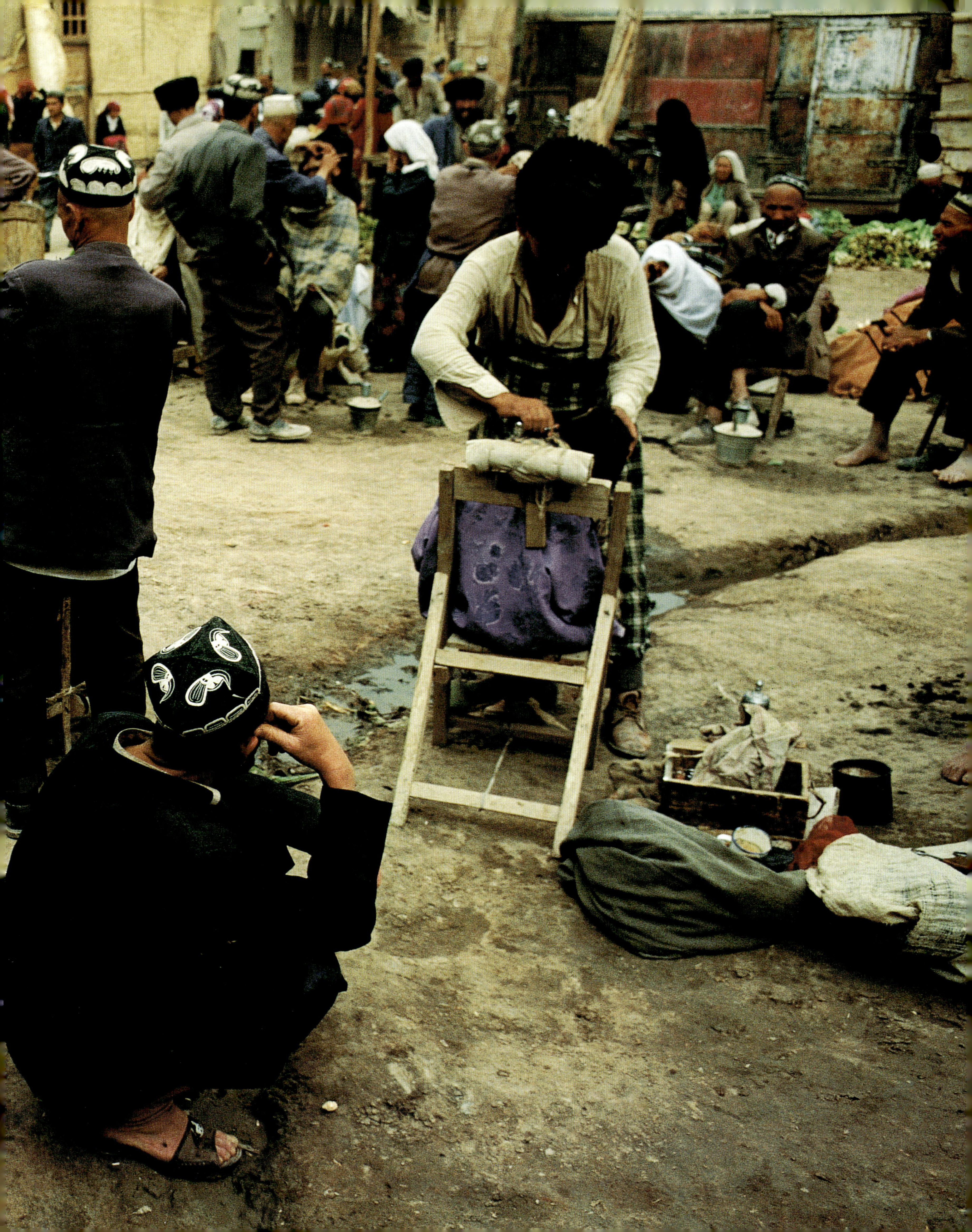

TURKESTAN ORIENTAL *Far West chinois*

De la ville de Niya, ancienne cité articulée autour d'un temple bouddhiste, dont les ruines ont été retrouvées à la porte du désert de Taklamakan, jusqu'au Bosphore, les épices, les graines, le blé, les fruits, dates, raisins et pêches, sont communs aux peuples de cette route de la Soie, tel que le démontrent ces découvertes archéologiques datant de deux mille ans.

À Chatgal, dans le Turkestan oriental, les karez, qui sont les réseaux d'irrigation souterrains inventés par les Perses il y a près de deux millénaires, nourrissent d'eau les vignes et les champs de coton. Si cette région reste la plus chaude du globe avec des températures pouvant atteindre 70°, la fonte des glaciers des monts Bogda alimentent le millier de karez qui s'égrènent dans le désert.

Double page précédente

Barbiers et dentistes, rémouleurs et médecins, marchands et tisserands, tous les petits métiers se retrouvent dans le marché de Khotan, au Turkestan oriental. Le temps de la route de la Soie n'est pas loin.

Double page suivante

Les enchères sont montées pour ce bloc de jade vendu à Dawzia, ce village recouvert en permanence d'une nappe de sable du désert de Taklamakan, emportée par le vent. La poignée de main a scellé l'accord ; elle fait figure pour tous les peuples de la route de la Soie de contrat écrit, que l'on ne rompt pas, au risque de perdre sa parole et son honneur. Les montagnes qui entourent Dawzia, non loin de la ville de Khotan, sont généreuses en jade, pierre recherchée depuis des temps immémoriaux.

TURKESTAN ORIENTAL *Far West chinois*

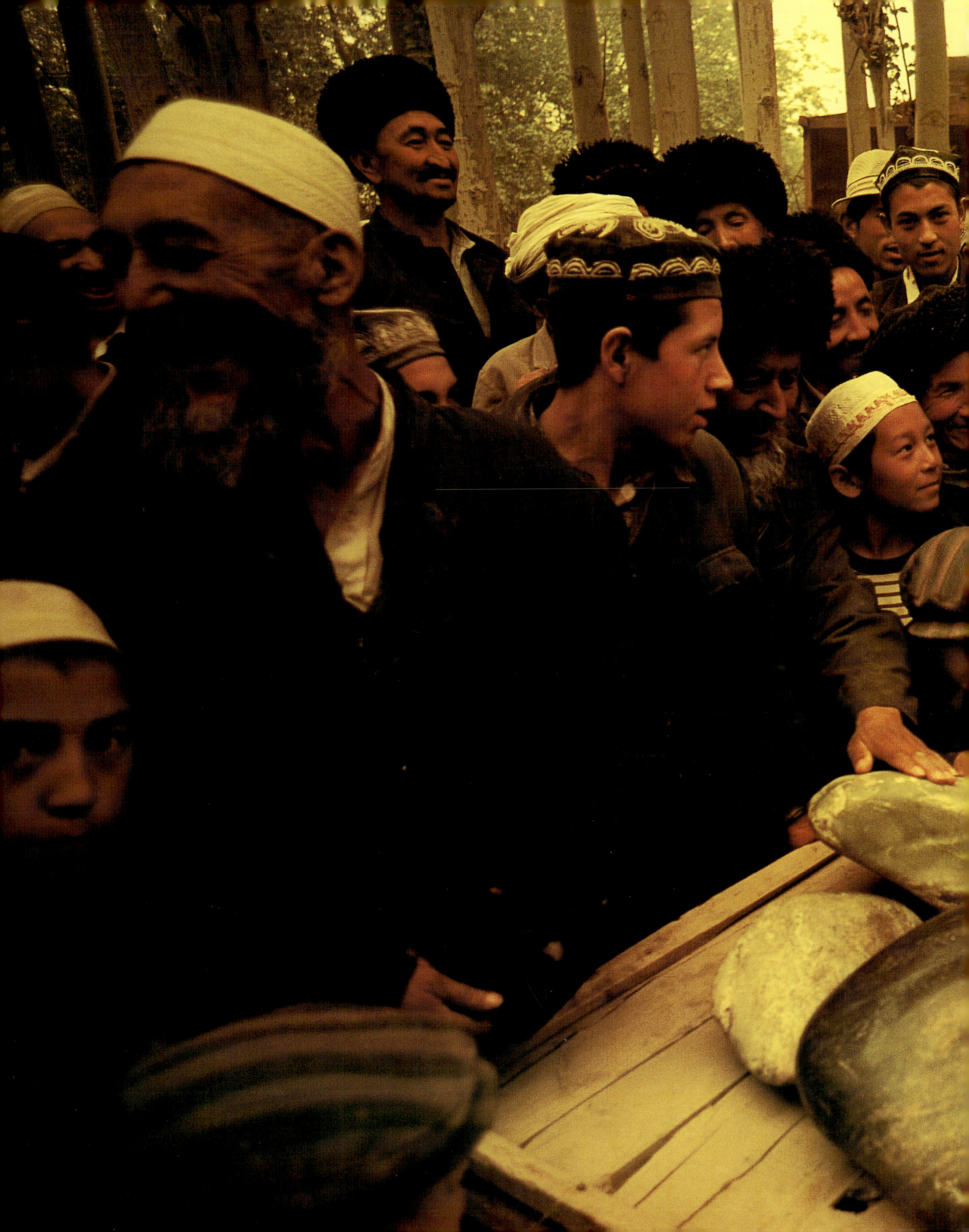

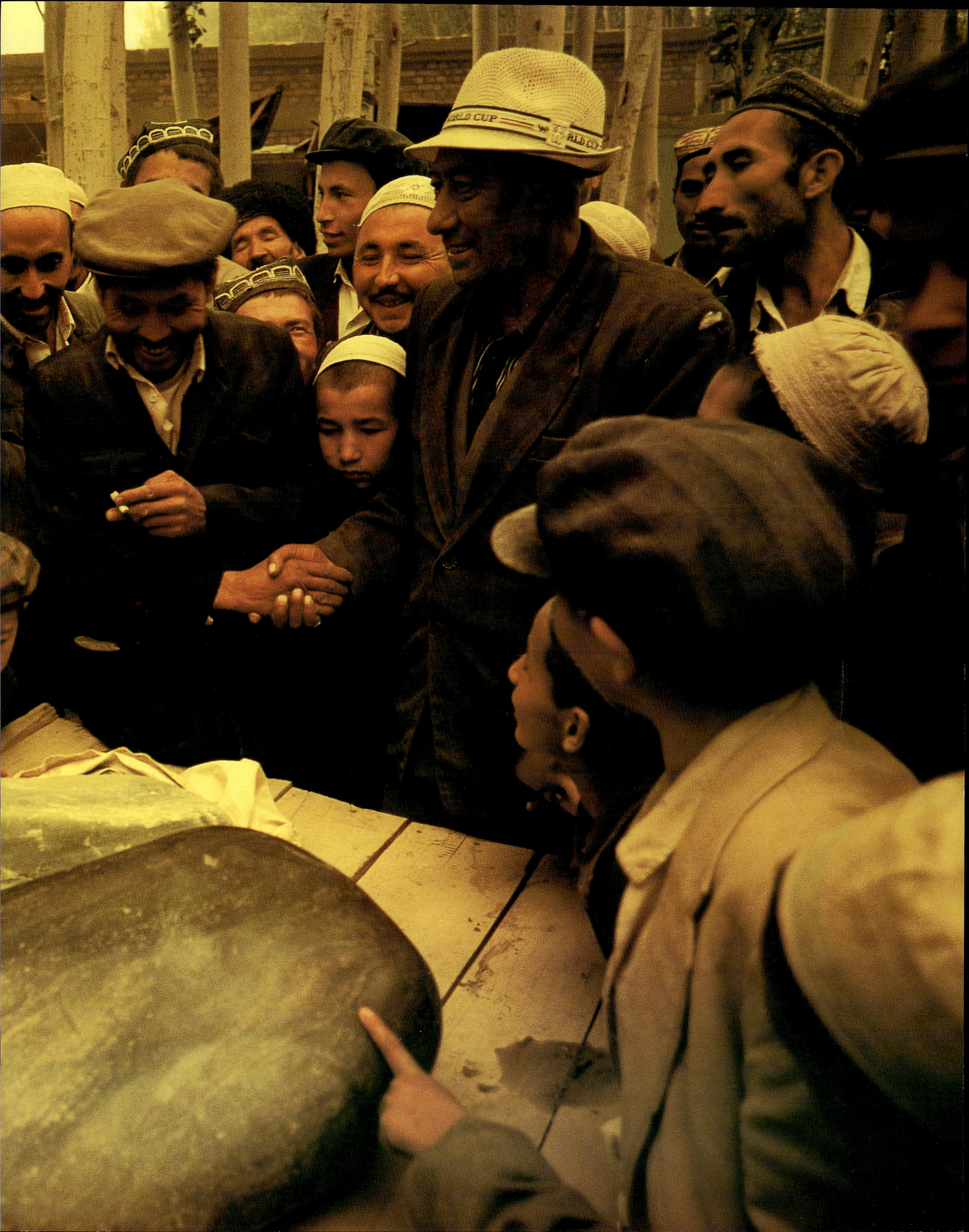

À Kapak Ashan, qui annonce le désert de Taklamakan, une croyance populaire répand que s'y trouve le tombeau du cinquième imam chiite, Jafar Sadegh. Village déserté, Kapak Ashan voit parfois l'errance de pèlerins et autres voyageurs égarés.

Pages suivantes

Dans la région de Turpan, la ville de Jiaohe, « les rivières qui se rejoignent », cité fortifiée et prospère pendant près de quinze siècles, et les autres ruines de cités découvertes à proximité témoignent de la richesse de cette région malgré l'environnement hostile du désert du Taklamakan proche, et la dépression de cent cinquante mètres au-dessous du niveau de la mer. Sur la route de la Soie, l'invention perse des karez il y a près de deux mille ans, a été exportée et a sorti du néant nombre de régions condamnées par les éléments naturels. Ici, le réseau de canaux d'irrigation souterrains a drainé l'eau pour nourrir les terres de la riche vallée des Raisins, aux pieds des montagnes des Flammes.

Les nouveaux marchands

Trafics en tout genre, frontières poreuses aux gabelous corrompus et résurrection des nationalismes : la route de la Soie, au fond, n'a peut-être pas changé, d'Istanbul aux oasis du Gobi, des cités d'Anatolie aux maisons de thé d'Asie centrale. Dès lors que le pillage a continué, dès lors que les États se sont livrés eux-mêmes à la destruction des œuvres d'art, que ce soit les talibans ou les gardes rouges de Mao, les héritiers de la route de la Soie ont renoué avec leurs origines. En dépit des trafics, la philosophie cependant demeure, celle de la rencontre avec l'Autre, celle d'un ailleurs que l'on cherche au-delà d'un horizon démesuré, celle de la halte dans des caravansérails inconnus où les inimitiés et les différences sont laissées sur le pas de porte.

Entre l'armée de terre cuite de Xian et une caravane qui parcourt aujourd'hui le désert de Gobi, près de l'oasis de Dunhuang, les parallèles sont flagrants. Les empires ont ferraillé sur cette longue piste, elles ont égorgé, massacré, ruiné des contrées entières. Mais les hommes ont aussi créé un lien magique, une sorte de fil invisible, une *continuité* que le voyageur ressent d'un bout à l'autre. Les poètes y croient encore et espèrent même que les empires vont améliorer le sort des hommes. Les religieux soulignent que par cette route pénétrèrent dans l'Extrême-Orient les grandes religions, le bouddhisme, le judaïsme, le manichéisme, le christianisme, l'islam. Les nouveaux marchands estiment que le « fil moderne » de la route de la Soie, Internet, permettra aux Chinois de s'affranchir de la tutelle du parti unique et d'œuvrer pour l'avènement de la démocratie.

CHINE *Les nouveaux marchands*

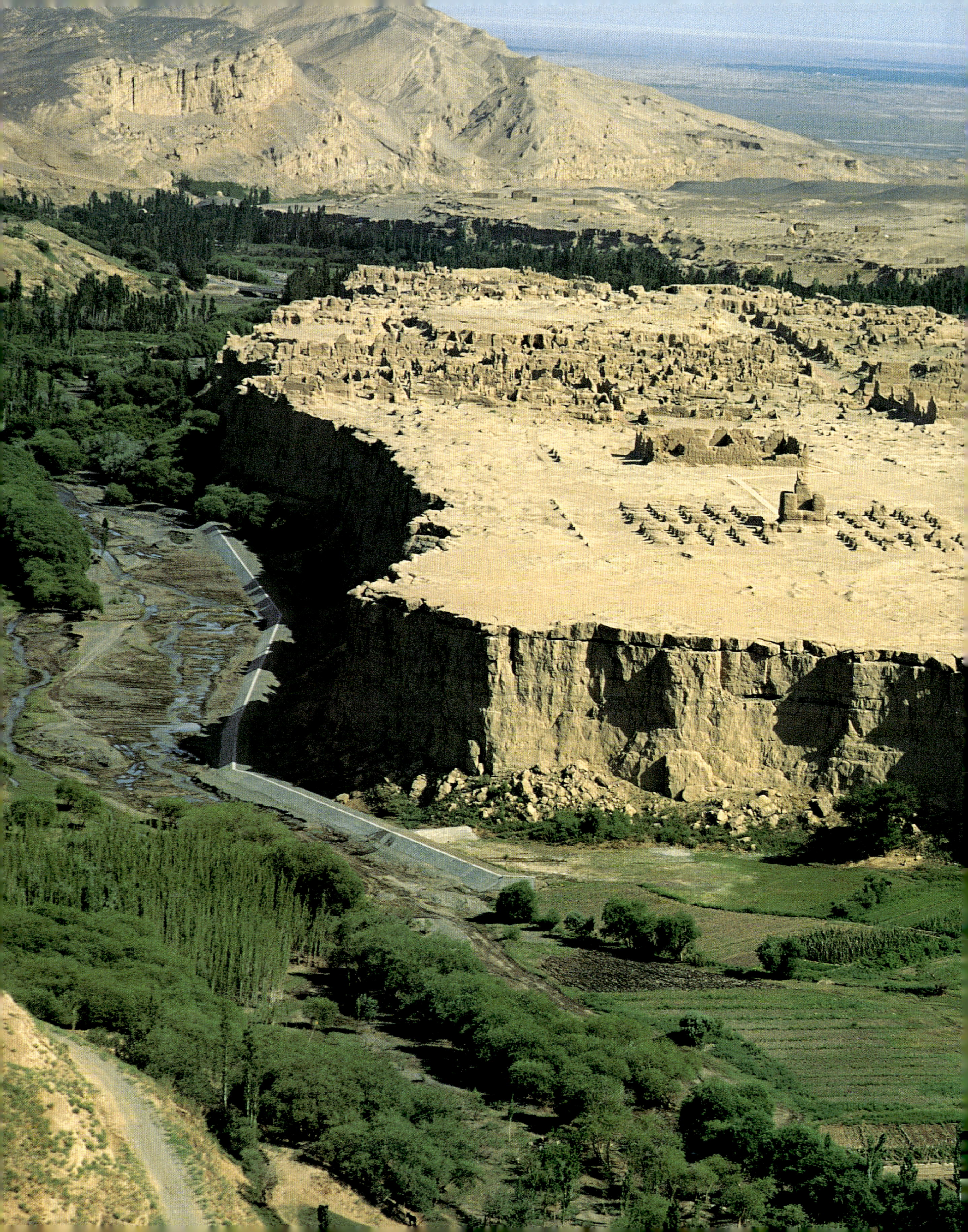

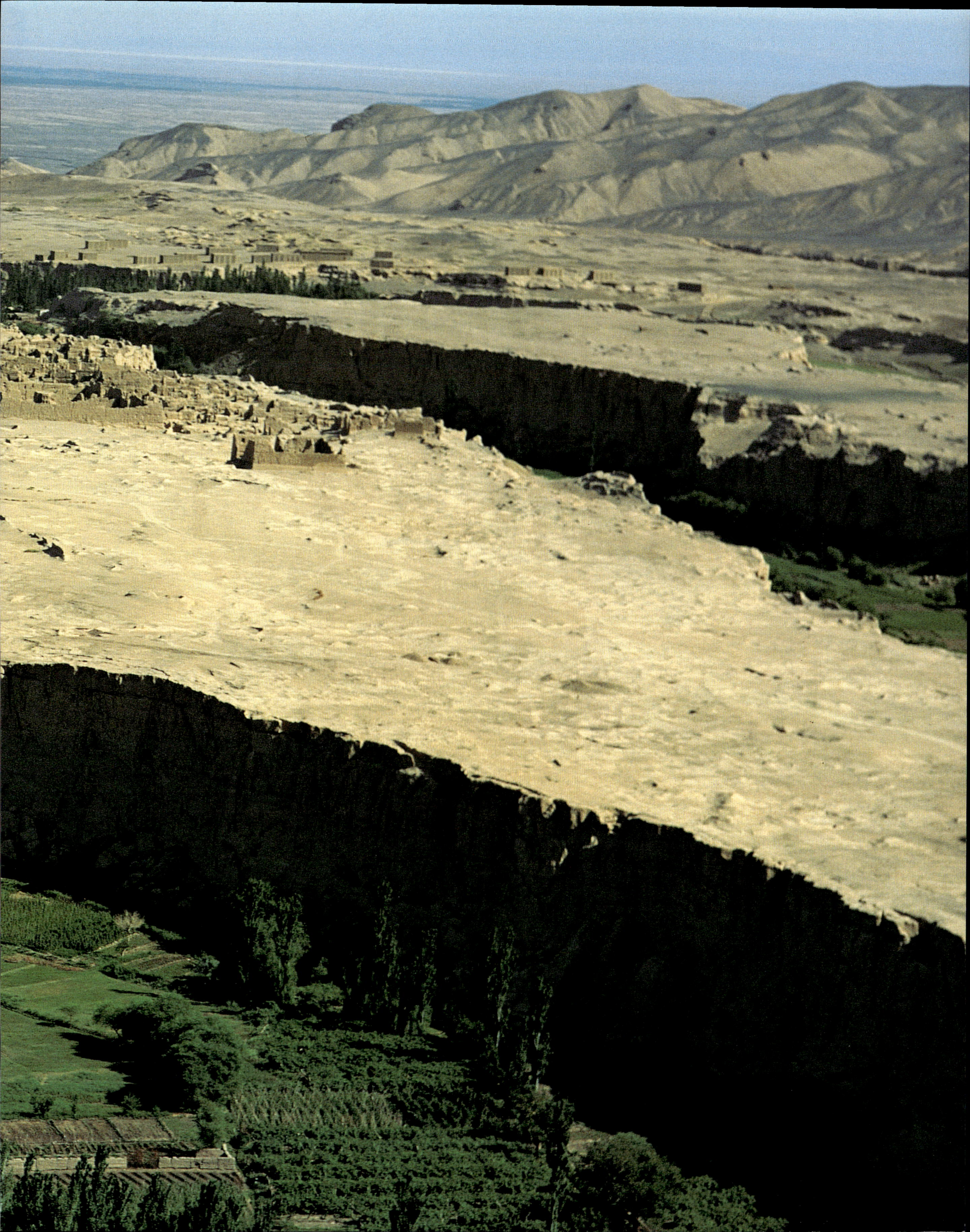

152

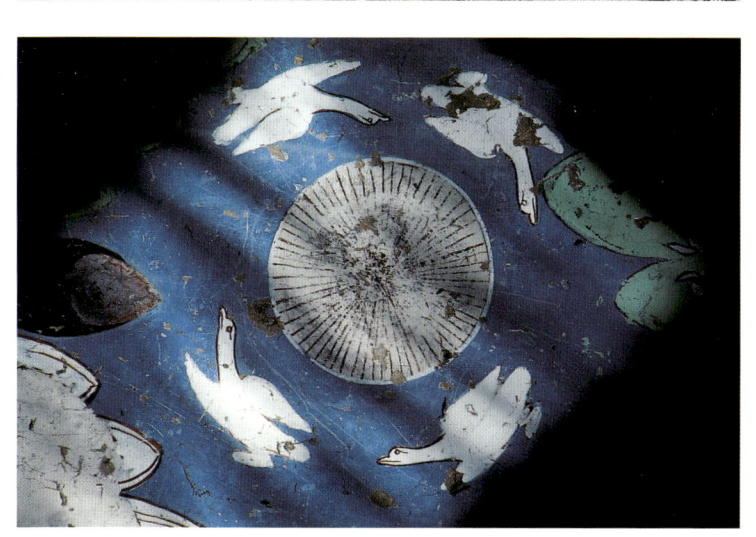

Sur la route des moines bouddhistes venus de l'Inde, les grottes des montagnes rouges de Kyzyl étaient des parois idéales, abritées de la lumière du soleil, des intempéries et des pilleurs, pour raconter la vie de Bouddha. Les moines artistes s'inspiraient des textes sacrés pour peindre les bodhisattvas, dont la mission était de rester parmi les hommes en quête de vérité, après être parvenus au nirvana. Sur la voûte de la grotte, treize de ces saints hommes ont été représentés. Chaque grotte est un tableau qui raconte une scène de la vie de Bouddha.
Longtemps dissimulées au regard du voyageur, certaines de ces grottes furent pillées par des aventuriers du XXe siècle qui découpèrent des pans entiers restés jusqu'alors préservés. Nombre de ces chefs-d'œuvre entreposés au musée de Berlin furent réduits en cendres sous les bombes qui détruisirent la ville lors de la Deuxième Guerre mondiale.

CHINE *Les nouveaux marchands*

Sur les routes chinoises de la Soie, caravaniers, marchands et conquérants ont semé d'étonnantes œuvres d'art, qui célèbrent les rencontres entre l'Orient et l'Occident. Des trésors parfois oubliés par l'humanité – les Bouddhas avaient été délaissés par le Comité du patrimoine mondial – mais que les voyageurs redécouvrent aujourd'hui, jusqu'aux grottes de Longmen ou aux fresques de Yungang en Chine. Des chefs-d'œuvre qui sont le prolongement naturel de la course au raffinement déclenchée par le commerce de la soie depuis la Rome antique. La Grande Muraille n'a-t-elle pas été bâtie pour empêcher les nomades Xiongnu, amateurs insatiables de la précieuse étoffe, de piller davantage les richesses des Qin, unificateurs de la Chine, au premier siècle avant notre ère ? Et c'est là où le trajet de la soie révèle une partie de son mystère : ses richesses se cachent bien souvent au détour du chemin, loin des grandes villes, de Palmyre dans les sables syriens aux ruines de Niya dans le désert de Gobi ou aux statues de Binglingsi, bouddhas souriants qui font la nique aux destructeurs de Bamyan. Drapées dans la pierre, les œuvres sculptées semblent clamer que les vraies fortunes de la route de la Soie ne meurent pas et vivent à jamais dans l'esprit des humains.

Xian, terminus. Ou plutôt commencement. Les cheminements de la soie ont beau avoir changé leur cours, inventé des sentes, des ramifications, de nouvelles haltes, le début de la voie mythique se situe bien là, au sud-ouest de Pékin, à quatre cents mètres au-dessus du niveau de la mer, par 36° 15' de latitude nord et 108° 56' de longitude est. Xian fut capitale d'empire, au temps des dynasties Qin, Han et Tang. Dans la ville, une stèle indique que des chrétiens nestoriens s'installèrent ici au VIIe siècle. Plus loin, une mosquée rappelle que l'islam est ancien, implanté au pays des mandarins depuis la venue des marchands arabes et perses, au bout de la longue route.

Ici, les nouveaux marchands ont réinventé le temple. Au terme du voyage, les caravaniers d'hier ont cédé la place à des fabricants sans frontières, dont les échantillons s'étalent dans les vitrines de la ville : composants électroniques, chaussures de sport, imitations de grandes marques, montres de pacotille, jouets à foison qui réenchantent le monde. À la fin de la chaîne, les Chinois ont pris leur revanche. La main tendue de Marco Polo s'est muée en un jeu d'échange et de confrontation, un bras-de-fer entre les empires, comme si la route de la Soie cachait de multiples sortilèges, des surprises de l'Histoire qui resurgissent au gré des coups de génie de l'empire du Milieu. Plus au sud, à Hong-Kong, le petit timonier Deng Xiaoping, héritier de Mao, avait exhorté les masses en 1978 selon le principe de Guizot : « Enrichissez-vous ! » Les clones de Deng l'ont suivi à la lettre. À la croissance, ils ont lié à jamais un mot longtemps banni, et qui n'est désormais que la redondance du régime chinois : corruption. Au dogme maoïste, ils ont ajouté une étrange expression : « socialisme de marché », comme s'il fallait conjuguer à tout prix logique mercantile et ferments de la révolution chinoise. Le plus grand atelier du monde, dit-on. Sans doute aussi le berceau d'une nouvelle civilisation, prompte à imiter le lointain pour mieux s'en affranchir. « Vous verrez, lance rigolard un haut fonctionnaire pékinois, un jour nous n'aurons plus besoin des Occidentaux que nous avons si longtemps copiés ! » Voilà le legs de la route de la Soie, échanger et se réinventer. La Chine ne

Carrefour des pensées, la route de la Soie est une ligne mythique qui serpente parmi les pays et les peuples, les arts et les sciences, les traditions et les religions. Influences et cohabitations, tolérances et échanges, diversités de pensées sont autant d'invitations au voyageur qui emprunte ce chemin.
Au Turkestan oriental, le temple bouddhiste sur la route est une halte de méditation, où l'on peut apaiser sa soif et poser une pierre qui scellera le vœu que l'on formule et laisse derrière soi.
La mosquée de Yarkant, dit-on, est un mausolée érigé en souvenir d'une princesse musicienne, Aman Nissa Khan, qui aurait laissé à la musique ouïgoure les douzes groupes mélodiques, les mogam.

CHINE *Les nouveaux marchands*

*De tout temps, les routes du monde ont été
peuplées de voyageurs, avides de ruptures
et de découvertes, de surprises et d'émotions,
de rejets et de passions.
Sur la route de la Soie, celle du Thé et des Épices,
et bien d'autres routes du monde, le nomade est
aussi appelé par la méditation.*

s'éveille pas, elle secoue le monde. Le géant de l'Orient extrême n'a jamais été aussi grand.

Il n'empêche : l'empire reste fidèle à son credo, celui de la parole mandarinale. Révolution ou pas, les maîtres demeurent loin du peuple, contraint, lui, aux migrations, à la pauvreté des banlieues, à l'indigence des campagnes, à la cohue des gares, au mouvement des *mindongs*, les migrants de l'intérieur, soit plusieurs dizaines de millions d'âmes. La queue de la route de la Soie s'appelle depuis longtemps la Cité interdite, que ses occupants soient des seigneurs des steppes, des empereurs mandchous, des thuriféraires de Karl Marx ou des *Chicago boys* version chinoise. Xian rassemble les mêmes paradoxes, ancienne cité impériale et capitale du mercantilisme mondial. Quelle meilleure vitrine du rebond chinois ses auteurs pouvaient-ils espérer ? L'Empire du milliard a ainsi repris le nombril de la planète au Vieux Monde. Les vieilles civilisations ne sont pas mortelles, elles ne font que renaître.

Après la mosquée et la stèle de pierre, on perd le fil de la route. Elle ne finit pas, elle ne fait que recommencer. Elle est semblable à un cocon de soie que l'on déviderait pour mieux le rembobiner ensuite. Les empires durent ce que dure le règne des hommes et de leurs descendants. L'âme de la route de la Soie semble en revanche éternelle, par-delà les frontières et les caravansérails hasardeux. Rûmî avait raison lorsqu'il parlait de l'ivresse de la poésie et de la rébellion de l'esprit : « Le cœur a lancé sa révolte, il a versé le sang des rois. » Du Bosphore à Xian, la fin est un perpétuel renouvellement. Vingt-cinq ans de voyage pour Marco Polo, son père et son oncle, trois mois aujourd'hui. Les raccourcis de temps n'ont pas d'importance, seule compte la valeur des escales. La route des empires est d'abord celle de la solitude.

CHINE *Les nouveaux marchands*

Remerciements

Depuis trente ans, les routes que je parcours sont parsemées de rencontres sans lesquelles ce livre ne serait pas. Que soient ici remerciés les anonymes d'ici et d'ailleurs, amis d'un instant, qui m'ont ouvert avec confiance et générosité leur foyer, leur âme, leur vie.
Depuis toujours, la tribu familiale et professionnelle qui m'entoure me soutient et permet au voyageur témoin que je suis de prendre la route. Sans cette vaste tribu, cet ouvrage n'existerait pas.

Que soient ici remerciés, le cercle familial : Roshanak Bahramlouian pour sa fidélité douce et tenace au fil des années, Aydin Bahramoulian pour son regard juste et neuf sur mes projets, Edmond Pouly, Soheil Rassouli, Alain Trémolières et Marina Bui pour leur soutien constant dans les moments difficiles et leur enthousiasme dans les moments heureux, et aussi Parisher, Manoocher Deghati et Parissa, Claude, Matthieu et Antoine Pouly.

Que soient enfin remerciés le cercle d'amis, intimement liés à mon parcours professionnel, qui, au cours de ces trente dernières années, m'ont permis de devenir le photographe que je suis : Goksin et Philis Sipayoglu qui ont été les premiers à publier dans le monde mes photographies d'Iran, le professeur Falamaki qui m'a pris comme assistant lorsque j'étais étudiant aux Beaux-Arts de Téhéran pour son vaste projet de « reconstruction de la route de la Soie », Brigitte et Alain Mingam pour leur regard amical et fidèle, Guillaume Clavières, Brigitte et Alain Genestar pour leur amitié rare, Pierre Chabert, Caroline Clément, David Nahmany, et aussi les nombreux amis de la National Geographic Society qui, depuis 1991, accompagnent avec professionnalisme et rigueur mes reportages et mes projets humanitaires, tels que John Fahey, Terry Garcian, Terry Adamson, John Griffin, Cris Johns, David Griffin, Bill Marr, John Echave, Elizabeth Krist, Denis Demick, Susan Smith, Roosevelt Howard, Susan Welchman, Elie Rogers, Kristin Rechberger.
Que soient remerciés également, pour la réalisation de ce livre, la précision professionnelle de Jean-Marc Pias, et aussi Céline Bonnier, Émilie Bay de Zorzi, ainsi que la patience d'Assefeh Barrat.
Enfin, souvent et longtemps, j'ai pris les routes pour témoigner, m'éloignant d'eux, de leur quotidien... que soient infiniment remerciées la patience, la gentillesse, la compréhension de mes enfants, Djanan et Delazad, sans lesquelles je n'aurais pas la liberté de témoigner du monde.

Reza

Merci à Kudsi Erguner, Barmak Akram, Hamed Akram, Nurdogan Sengüler, Edhem Eldem, Yigit Bener, Son Altesse Karim Aga Khan, Ali Majwy, Ismaïl Khan, Abdul Jabar Naemi.

Olivier Weber

Bibliographie

Jacques Anquetil, *La Route de la Soie*, J-C. Lattès, 1992

Vladimir Bartol, *Alamut*, Phébus, 1998

Louis Bréhier, *Vie et mort de Byzance*, Albin Michel, 1946

Chateaubriand, *Itinéraire de Paris à Jérusalem*, Gallimard, 2006

Malek Chebel, *Encyclopédie de l'amour en Islam*, Payot, 1995

Goethe, *Le Divan*, Gallimard, 1984

Édith et François-Bernard Huyghe, *Les Empires du mirage. Hommes, dieux et mythes sur la route de la Soie*, Robert Laffont, 1993

Christian Jambet, *La Grande Résurrection d'Alamût. Les Formes de la liberté dans le shî'isme ismaélien*, Verdier, 1990

Lutz Kleveman, *The New Great Game, Blood and Oil in Central Asia*, Atlantic Books, Londres, 2003

André Miquel, *L'Islam et sa civilisation*, A. Colin, 1968

Marco Polo, *Le Devisement du monde*, La Découverte, 1991

Reza et Olivier Weber, *Éternités afghanes*, UNESCO/Le Chêne, 2002

Jalâl al-Dîn Rûmî, *Le Livre du dedans*, traduction d'Eva de Vitray-Meyerovitch, Sindbad, 1976

Z. Safâ, *Anthologie de la poésie persane*, UNESCO/Gallimard, 1964

Mohammed Sharafuddin, *Islam and Romantic Orientalism. Literary Encounters with the Orient*, Tauris, Londres, 1994

Olivier Weber, *Le Grand Festin de l'Orient*, Robert Laffont, 2004

Autres ouvrages de Reza

Paix en Galilée. Beyrouth, collectif, Éditions de Minuit, Paris, 1983.

Bayan Ko. Project 28 days, collectif, Hong-Kong, 1986.

Paris-Pékin-Paris '87, Éditions d'Art Phoebus, Rouen, 1987.

Autour du monde, textes de Sam de La Rivière, Imax, Paris, 1992.

Kurdes. Les Chants brûlés, Benteli, Berne, 1995.

Massoud, des Russes aux Talibans, textes de Jean-Pierre Perrin, Éditions n°1/Quai de Seine, Paris, 2001.

La France, Languedoc-Roussillon, Midi-Pyrénées, textes de Michel Cyprien, National Geographic, Paris, 2001.

Plus loin sur la terre, textes de Rachel Deghati, Hors Collection, Paris, 2002.

Le Pinceau de Bouddah, textes de Jacques Giès, Laure Feugère et André Coutin, La Martinière, Paris, 2002.

Éternités afghanes, textes d'Olivier Weber, UNESCO/Le Chêne, 2002.

Destins Croisés, textes de Rachel Deghati, Hors Collection, Paris, 2003.

Insouciances, textes de Rachel Deghati, Castor & Pollux, 2004.

Achevé d'imprimer en janvier 2008
sur les presses de Mondadori Printing, Vérone
Imprimé en Union européenne